# 柯氏 少年版
# 性別關係量表
## 之建構與信效度之檢驗
### Ko's Sexual Relation Scale -Youth Version-II

邱惟真 著

淡江大學出版中心

# 序

## 為什麼柯氏性別關係量表（少年版）是重要的評估工具

　　本專書從研究計畫開始到完成共歷經了五年以上的時間（民國 101 至 105）。事情的起源大概要從民國 100 年 10 月 25 日立法院三讀通過修正性侵害犯罪防治法談起，其中增訂「少年性侵害行為人」經依少年事件處理法裁定保護處分確定而法院認有必要者，得轉介直轄市、縣（市）主管機關「評估」是否需要對其實施身心治療或輔導教育，並自民國 101 年 1 月 1 日開始施行。偏偏當年（101 年）5 月就發生黃姓假釋犯在桃園對一女老師的劫財致死案，媒體追蹤該名黃姓假釋犯發現該嫌為一名性侵假釋犯，而其犯性侵案當時還是一名未成年少年！

　　行文至此，也許有人已敏感到此一議題，亦即當年我們是否有針對未成年少年性侵犯適當的評估工具？答案是：還沒發展！當月我們就接獲訊息，內政部家防會[1]有一標案，名稱為「建構少年性侵害行為人輔導評估工具之信效度案」，特別的是，此案只有 7 個月的履約時間。7 個月的時間很短，得標後，我們馬上建立一個研究團隊，兩名兼職研究助理當時都是博士班的學生：簡良霖（台大心理系博士生）、陳育琛（暨大輔諮所博士生），至今我都還非常感謝他們兩位的鼎力協助。

　　本團隊首先確認 KSRS（1999）[2]確實可應用在少年群體（陳郁岑，2004；邱惟真，2011b），並透過文獻與理論層次的檢視後，建議將影響少年偏差行為甚鉅的「自我控制」向度編入 KSRS，因此，將 KSRS 從原本 162 題計 25 個量尺，擴增為 180 題 26 個量尺，編成 KSRS（2012）。

1　家庭暴力及性侵害防治委員會。
2　柯永河（1999）。「性侵害加害人心理狀態評估工具編製」研究計畫報告。內政部八十八年度委託研究報告。

然後透過信、效度的檢驗過程，將 KSRS（2012）篩減至 85 題，完成第一版的 KSRS-YV。

此階段最重要的成就有兩個。首先是將研究樣本數擴大到 1351 名少年（性侵害組 226、非行少年組 275、一般組 850），擴增本量表之代表性。其次是透過匿名的方式，蒐集到「一般組」少年自填有性騷擾或猥褻他人、性侵害他人、或性霸凌他人的經驗者總計 56 人，並將之定義為廣義加害組，進行廣義性侵害的三組單因子變異數分析，結果發現在所有二十六個量尺中共有十九個量尺可以顯現出廣義加害組、廣義受害組與廣義一般組之間的差異存在，且其差異的方向與理論預設完全一致，解決了長期以來，批評者對於理論預設的質疑。

雖然我們在 7 個月的履約期限內如期完成，但對於此版本的信、效度，我個人仍覺得並不滿意。因此，在結束家防會的計畫後，個人隨即展開第二版的修訂工作（KSRS-YV-Ⅱ），最後將題目篩減至 74 題，並獲得更好的信、效度，進一步有效處理了「反向作用」的問題，因而促成此學術專書的出版。

至於少年性侵害行為人與成年性侵害加害人是否有差別？是的，差別非常明顯，最主要的差別在於少年還在發展中，在性的社會心理的分化上，並未像成人一般明顯，柯永河（1999）與陳郁岑（2004）的研究顯示，成人的性的社會心理至少可區辨出 5 到 17 個因素，本研究在檢驗的過程中，從 KSRS（2012） 180 題中，僅發現 81 題具有辨識少年性侵害行為人群體的獨特性特徵，以此為基礎，將這 81 題進行探索性因素分析，大致上僅能區辨出 2 個因素，我們將之命名為衝動性指標與規範性指標，從第二版的 KSRS-YV-Ⅱ的結果來看，衝動性指標包括了物質使用、神經質因素、反社會傾向、衝動性、性侵害傾向強、享樂意願等六個分量尺，規範性指標則包括性侵者內在問題、性侵害責難、正常

量尺、男女平等態度等四個分量尺，從分量尺的命名來看，十個分量尺
也只有五個分量尺跟 KSRS（1999）重複，嚴格觀之，就算命名一樣，
其所內含的題數其實都不太一致。

　　也就是說，KSRS-YV-II 相較於 KSRS（1999）更精確地反應了少
年關於性的社會心理狀態。

　　儘管如此，批評者仍然質疑 KSRS 系列做為自陳式量表，容易因為
加害人否認或防衛機轉而呈現不實的結果。對於自陳式量表的缺點，我
們並不否認，但此批評有點因噎廢食，多年來我們一直強調針對性侵害
加害人的評估需要採取多種訊息來源（Beckett, 1994；Carich & Mussack,
2001；陳若璋，2001；邱惟真，2002），對於能夠多增加一種訊息來源，
且具有信、效度的量表，仍採取拒絕的態度，也許才是另一個值得探討
的議題！

邱惟真

2017.01.23 在五虎崗

# 目　次

第一章　緒論………………………………………………………1

第二章　文獻探討………………………………………… 13

　第一節　青少年性犯罪再犯危險評估工具 ………………… 14

　第二節　台灣少年性侵害行為人評估之相關研究 ……… 23

　第三節　柯氏性別關係量表之初步建構 ………………… 30

　第四節　柯氏性別關係量表信效度之進一步檢驗 ……… 34

　第五節　少年性侵害行為人自我控制分量尺之補充 ……… 37

第三章　研究方法………………………………… 39

　第一節　研究假設 ………………………………………… 40

　第二節　研究工具與設計 ………………………………… 40

　第三節　研究對象 ………………………………………… 42

　第四節　資料分析 ………………………………………… 51

第四章　研究結果………………………………… 53

　第一節　KSRS 各量尺分數與自我控制量表之信度 ……… 54

　第二節　基本資料與 KSRS 各量尺分數與自我控制分數間

　　　　　的關係 ………………………………………… 56

第三節　KSRS 各量尺分數和自我控制量表總分

　　　　在性侵害、非行、一般三組間的差異 ⋯⋯⋯⋯⋯ 93

第四節　KSRS 各量尺分數和自我控制量表總分

　　　　在廣義性侵害各組間之差異 ⋯⋯⋯⋯⋯⋯⋯⋯ 98

第五節　發展適用於少年的 KSRS-YV（Ko's Sexual

　　　　Relation Scale–Youth Version） ⋯⋯⋯⋯⋯ 102

第五章　結論與建議 ⋯⋯⋯⋯⋯⋯⋯⋯⋯⋯ 157

第一節　研究假設之驗證結果 ⋯⋯⋯⋯⋯⋯⋯⋯⋯⋯ 158

第二節　其他重要發現 ⋯⋯⋯⋯⋯⋯⋯⋯⋯⋯⋯⋯ 160

第三節　本研究之重大突破 ⋯⋯⋯⋯⋯⋯⋯⋯⋯⋯ 163

第四節　研究限制與後續研究建議 ⋯⋯⋯⋯⋯⋯⋯⋯ 164

附　件

附件一　少年靜態再犯危險評估量表 ⋯⋯⋯⋯⋯⋯⋯ 181

附件二　柯氏性別關係量表（含自我控制量尺）題本 ⋯ 182

附件三　柯氏性別關係量表（KSRS-2012）答案紙 ⋯⋯ 191

附件四　柯氏性別關係量表 - 少年版（KSRS-YV-II）

　　　　題本 ⋯⋯⋯⋯⋯⋯⋯⋯⋯⋯⋯⋯⋯⋯⋯ 195

附件五　柯氏性別關係量表 - 少年版（KSRS-YV-II）

　　　　答案紙 ⋯⋯⋯⋯⋯⋯⋯⋯⋯⋯⋯⋯⋯⋯ 200

第一章　緒論

　　根據國內外性侵害犯罪加害人相關研究結果與實務經驗發現（陳若璋、劉志如，2001；鄭瑞隆，2006；Hsu & Starzynski, 1990; Righthand & Welch, 2001），高危險高再犯之性侵害犯罪加害人，及兒童性侵害加害者，經常出現早發性的性侵害行為，爰為落實性侵害再犯預防，應加強針對少年性侵害加害者實施治療、輔導，以降低其未來再犯之風險，倘能即時針對該加害人介入提供處遇輔導，將有助於預防性侵害的發生。

　　性侵害防治法自民國 86 年制定、修正與執行至 100 年，針對觸犯刑法第 221 條至第 227 條、第 228 條、第 229 條、第 332 條第 2 項第 2 款、第 334 條第 2 款、第 348 條第 2 項第 1 款及其特別法之罪的性侵害加害人，於性侵害防治法第 20 條規定：「加害人經評估認有施以治療輔導之必要者，直轄市、縣（市）主管機關應命其接受身心治療或輔導教育。」並且設置了「性侵害犯罪加害人身心治療及輔導教育辦法」，以說明性侵害加害人處遇計畫之執行。

　　而上述所稱觸犯刑法之加害人，乃以 14 歲以上具刑事責任能力者而言，因為基於刑法第二章第 18 條刑事責任之規定：「未滿十四歲人之行為，不罰；十四歲以上未滿十八歲人之行為，得減輕其刑。」因此，性侵害防治法執行以來，14 歲以下觸犯性侵害案件者，尚不在「性侵害犯罪加害人身心治療及輔導教育辦法」之處遇範圍內；即便 14 歲以上未成年的少年，除非犯罪情節重大，否則基於法律對未成年的保護，多數未成年的青少年會留在少年事件處理法保護處分的處遇範圍內。

　　國內法律針對少年性侵害行為人，依少年事件處理法區分為少年刑事案件程序及少年保護事件程序，由少年法院（庭）依據調查之結果審酌青少年所觸犯刑罰法律之最低法定刑度或品性、性格、經歷等情狀而予以決定，其中依少年事件處理法諭知受保護處分者，部分少年法院（庭）乃依少年事件處理法第 42 條第 2 項第 2 款，從寬解釋身心精神缺

陷，透過與直轄市、縣（市）主管機關協調合作，提供少年性侵害行為人相關治療輔導，使少年在保護處分或感化教育之外接受處遇或治療。

　　內政部家庭暴力及性侵害防治委員會有鑑於各地方法院（庭）在少年性侵害行為人輔導處遇之需求，乃至 99 年起開始思考並研擬相關的處遇輔導計畫。民國 100 年 10 月 25 日立法院也三讀通過修正性侵害犯罪防治法，增訂少年性侵害行為人經依少年事件處理法裁定保護處分確定而法院認有必要者（性侵害犯罪防治法第 20 條），得轉介直轄市、縣（市）主管機關評估是否需要對其實施身心治療或輔導教育，並自民國 101 年 1 月 1 日施行。

　　內政部為加強推動少年性侵害行為人之處遇工作，於民國 100 年委託辦理「發展少年性侵害加害人預防輔導模式」計畫（邱惟真，2011a），透過蒐集國內外文獻資料，及國內相關實務工作者之經驗，嘗試建構少年性侵害行為人之預防輔導模式，希望透過初探性之研究，了解與整合各地方的處遇經驗與建議，初步發展妥適的處遇模式與輔導計畫，且期望不僅能以第三級預防的概念針對少年行為人進行處遇，更能有效預防再犯或其他嚴重侵害行為的發生。

　　邱惟真（2011a）為了解目前在台灣少年性侵害行為人處遇概況，採取焦點團體座談[1]之方式進行初步探究，設計之訪談大綱包括五項重要議題：

---

1　四場焦點團體座談出席人數計有 46 人次，其中地方法院法官（主要為少年法庭庭長）有 11 名，觀護人以及心輔員有 11 名，醫療與社區專業人員（包括醫師、心理師、社工師等）有 13 名，地方政府代表有 6 名，內政部家防會有 2 名。

1. 台灣少年性侵害加害人之犯罪類型與樣態為何？
2. 對於少年性侵害加害人，您認為應用何種方法來處遇或協助是可以有效預防再犯的？
3. 成年人性侵害加害人之社區處遇模式，您認為可以如何應用於少年性侵害加害人？
4. 對少年性侵害加害人目前處遇實務之困難何在？針對此困難可以如何克服？
5. 依據性侵害犯罪防治法第 6 條規定：「性侵害防治中心應辦理對加害人的追蹤輔導與身心治療之措施。」此項措施具有對性侵害加害人之社區追蹤處遇性，不僅對性侵害防治工作十分重要，而且亦有個別矯治與復發預防之功能，然而此制度如何應用在少年性侵害加害人部分？

　　研究結果指出，少年性侵害加害人應依犯罪類型與樣態可分為四類，包括強制性交、合意性交、猥褻，以及介於強制與合意性交兩類型之間的非暴力類型[2]。此外，強制性交類型中的集體性犯罪，又可分為發生於社區與機構環境，其中社區環境中女性之加害人，通常為牽涉到性的霸凌事件，具有虐待與報復之意圖，此與其他類型以男性性侵害加害人為主有很大之差異。

---

2　與會人員皆贊同，在合意與強制性交類型中存在一模糊地帶，即性行為涉及金錢、權力等其他因素，如青少年違反兒童及少年性交易防制條例，以交易手法促使他人透過性行為獲取金錢、物質等；或者是被害人在性行為的過程中反悔，而難以確認被害人究竟是否違反個人意願，此類案件在判決上多偏屬於合意類型，但是為考量後續處遇方向之差異，各區與會人員同意在合意類型中區別出一非暴力類型。除此之外，在北區台北場次中特別提及同志議題，即因同志而發生的性侵害案件越來越多，但是處在此成長階段的青少年，難以確認其性行為是基於性傾向的性別認同，或是因生活環境因素影響所致，而無法斷定性行為是否違反個人意願，因此暫時將同志議題放置在非暴力類型中進行討論。

## 表一　少年性侵害行為人預防輔導模式

| | 評估團體 | 進階團體 |
|---|---|---|
| 處遇對象 | 違反強制性交、合意性交、非暴力類型、猥褻等類之少年 | 經評估小組會議決議之少年 |
| 介入時機 | 保護處分執行期間 | 保護處分執行期間 |
| 團體功能 | 評估為主，輔導教育為輔 | 處遇（生活適應與再犯預防） |
| 處遇頻率 | 兩週一次共六次，開放式團體<br>一週一次共六次，封閉式團體<br>兩天計十二小時，封閉式親子團體 | 一月一次，一年十二次，開放式團體<br>一月兩次，半年十二次，開放式團體 |
| 處遇時數 | 共六次或兩天十二小時 | 共十二次二十四小時 |

資料來源：邱惟真（2011a）。

　　另外，處遇模式之規劃建議以團體處遇為主軸，分為評估團體與進階團體（如表一）。評估團體於案件進入保護處分期間開始執行，對象包含所有犯罪類型即上述四類型之少年，處遇內容以「評估」為主，「輔導教育」為輔，考量各地區資源不同，可分為一週一次或兩週一次共六次計十二小時的團體處遇，另有一特殊設計之團體，專為無法每週或隔週參與團體之少年設計，兩天（建議用兩個週六或週日）計十二小時的親子團體處遇，需要少年其及家長一同參與團體課程（可考慮以親職教育之方式強制家長進入團體）。於評估團體結束後，將評估資料送評估小組委員會進行討論，針對有後續監督處遇需要之少年，令其進入需長期輔導的進階團體，團體可分為一個月兩次（半年一循環）或一個月一次共十二次（一年一循環）的處遇（詳見圖一至四）；對於資源相對貧乏之地區，如經費預算之負荷或專業人力不足者，建議採取一個月一次兩小時的處遇頻率，事實上拉長處遇期程，不僅拉長了處遇人員陪伴少

年的時間，並且可以讓處遇人員用較長的時間來觀察少年的行為改變，只要專業人員具有相當的專業訓練與督導，即便降低處遇頻率，團體仍可具有相當程度的處遇成效（邱惟真、邱思潔，2006）。

在其他影響處遇的因素上，團體成員的出席率則須仰賴觀護人協助控管與追蹤[3]；另一方面，有關少年相關的調查與觀護資料，則必須提供處遇人員進行團體處遇時之參考。

儘管邱惟真（2011a）完成了上述少年性侵害行為人處遇模式之建議，對於台灣目前仍無針對少年性侵害行為人本土化之評估工具，仍有相當大的疑慮。該模式所需之評估內容，為目前接受保護處分之青少年性侵害加害人當下之心理狀態，尤其以在性侵害（強姦）行為的過程中所涉及到的動態心理因子，最為重要。

針對此評估內容，除了需要專業人員記錄行為人在團體互動歷程中所展現出之質性資料外，也需要一量性工具加以輔助，作為較為客觀、標準化之評估資料來源。並依此評估工具補充行為人的動態因子量化分數以及在常模中的位置。

內政部之前曾委託學者針對成人性罪犯評估研發出「人際、思考、行動習慣量表」（KSRS；柯永河，1999），為評估行為人在強姦行為中之動態心理因子，此量表經研究證實，具備了良好之信效度（陳郁岑，2004；邱惟真，2011b），相當符合少年性侵害行為人處遇模式中評估團體之需要。

---

3　建議依據少年事件處理法第 55 條：「少年在保護管束執行期間，違反應遵守之事項，不服從勸導達二次以上，而有觀察之必要者，少年保護官得聲請少年法院裁定留置少年於少年觀護所中，予以五日以內之觀察。」

　　惟該量表當初建構之常模係以成人為主，因此若直接沿用就有常模位置偏誤之可能性，尚未能確定是否適用於青少年。因此本研究針對此一疑慮，將以 KSRS（柯永河，1999）為基礎，並參考國內外其他青少年性侵害評估工具，作為補充，建構少年版 KSRS 之信、效度，並嘗試建立青少年常模以供參考[4]。

---

4　本書乃以民國 101 年受內政部家庭暴力及性侵害防治委員會委託所完成之「建構少年性侵害行為人輔導評估工具之信效度」為基礎，進行第二版之改寫。

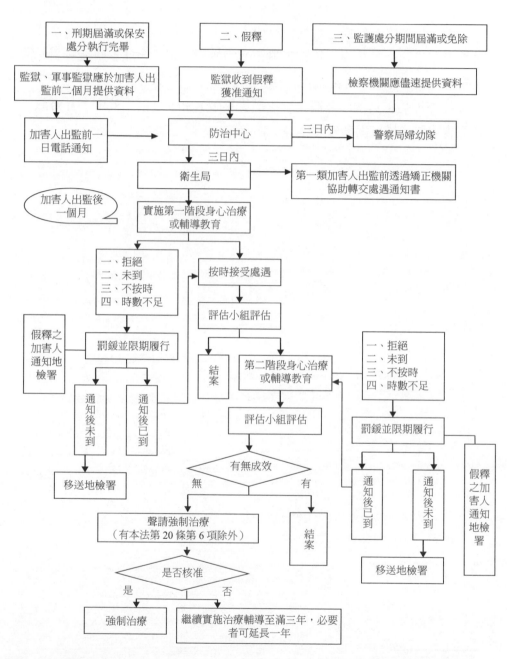

**圖一**　直轄市、縣（市）政府辦理性侵害犯罪加害人身心治療或輔導教育作業流程圖（一）

資料來源：內政部家庭暴力及性侵害防治委員會。

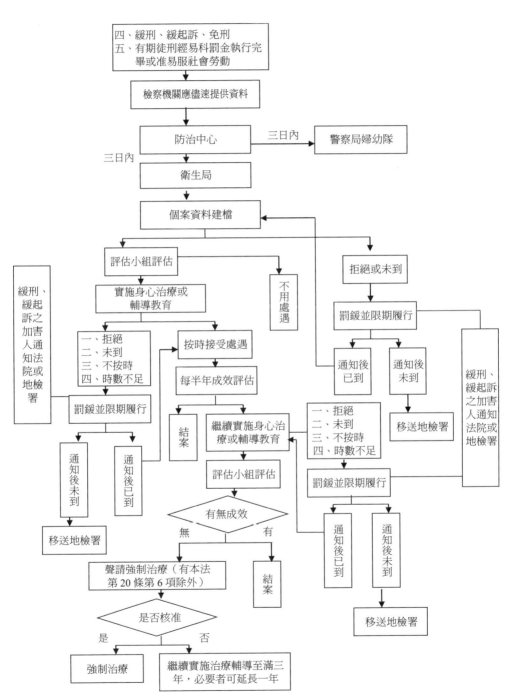

**圖二**　直轄市、縣（市）政府辦理性侵害犯罪加害人身心治療或輔導教育作業流程圖（二）
資料來源：內政部家庭暴力及性侵害防治委員會。

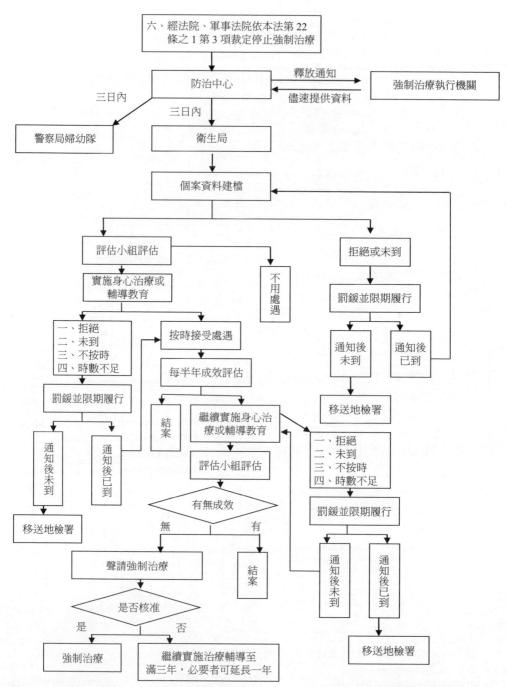

**圖三　直轄市、縣（市）政府辦理性侵害犯罪加害人身心治療或輔導教育作業流程圖（三）**
資料來源：內政部家庭暴力及性侵害防治委員會。

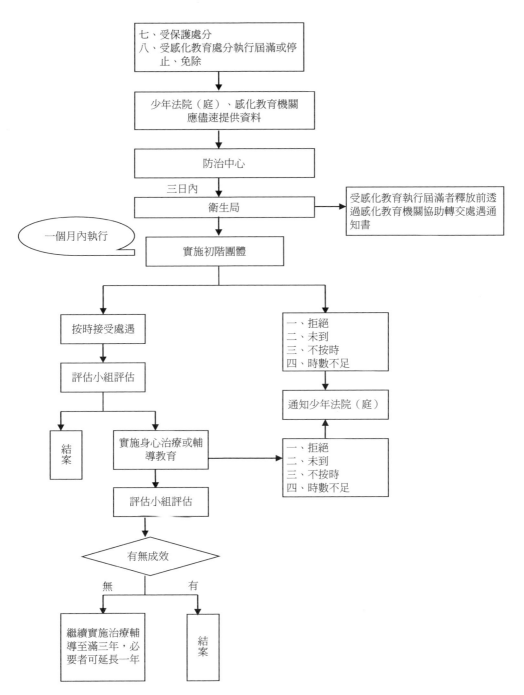

**圖四 直轄市、縣（市）政府辦理性侵害犯罪加害人身心治療或輔導教育作業流程圖（四）**

資料來源：內政部家庭暴力及性侵害防治委員會。

第二章　文獻探討

## 第一節　青少年性犯罪再犯危險評估工具

　　雖然國外對於性侵害加害人的研究較早，但評估方式多集中於少年性罪犯之「再犯危險評估」。對於「再犯危險評估」，目前已發展出一種精算式的評估方式（actuarial assessment），即根據某加害人的資料，利用保險業常用的風險管理（risk management）方式，得出該加害人之後再犯的可能性為何。

　　本研究搜尋國外與青少年性犯罪或再犯危險評估有關之量表，找到四份少年性犯罪危險評估量表，包括 Estimate of Risk of Adolescent Sexual Offense Recidivism（ERASOR）、Juvenile Risk Assessment Tool（J-RAT）、Juvenile Sexual Offender Assessment Protocol（J-SOAP-II），以及 Juvenile Sexual Offense Recidivism Risk Assessment Tool-II（JSORRAT-II）。

　　由 Worling 和 Curwen（2001）所設計的 ERASOR 其適用對象為12 到 18 歲的性侵害加害人，所包含的五類項目為：(1) 性的興趣、態度與行為（sexual interest, attitudes and behaviors）；(2) 過去性攻擊行為紀錄（historical sexual assaults）；(3) 心理社會功能（psychosocial functioning）；(4) 家庭／環境功能（family/environment functioning）；(5) 治療（treatment）；(6) 其他（other）。Worling 和 Curwen 是希望透過 ERASOR 以預測少年在未來三年內再犯的危險性。此量表經研究所累積之再犯預測 AUC 值從 0.94 到 0.54（Worling, Bookalam, & Litteljohn, 2012; Rajlic & Gretton, 2010）。

　　J-RAT（Witt, Bosley, & Hiscox, 2002）則評估 118 個靜態和動態因子，包含了十二個類別的評估項目，分別為責任感（responsibility）、關係（relationships）、認知能力（cognitive ability）、社交技

巧（social skills）、過去創傷（past trauma）、個人特質與品質（personal characteristics and qualities）、共病與治療（co-morbidity and treatment）、物質濫用（substance abuse）、反社會行為（antisocial behaviors）、性侵害行為類型（patterns of sexual offending behaviors）、家庭因素（family factors）與環境條件（environmental conditions）。J-RAT 主要用於少年性侵害加害人初進入矯治設施時，以評定其危險性，目前尚未發現有進一步之信效度檢驗。

Prentky 等人設計了 J-SOAP-II（Prentky & Righthand, 2003），其內容為各項危險因子的檢核清單，以作為後續清算分析的依據。J-SOAP-II 分為四個次項目，分別為：(1) 性驅力（sexual drive/preoccupation）；(2) 衝動與反社會行為（impulsive/antisocial behavior）；(3) 處遇（clinical/treatment）；(4) 社區穩定及適應（community adjustment）。前兩者為靜態因子；後兩者則為動態因子。其中動態因子的評估，更可作為了解加害人在接受處遇之後其改變的幅度。J-SOAP-II 的適用對象為 12 到 18 歲的男性性侵害加害人。臨床工作者在蒐集加害人的多重來源管道資料後，再在檢核表上加以勾選與評定。Prentky 等人建議最好有 2 位臨床工作者各自評分後再加以比較，以得到最適當的結果。該量表經研究所累積之再犯預測 AUC 值從 0.83 到 0.51（Prentky et al., 2010; Rajlic & Gretton, 2010）。

Epperson 等人則發展出 JSORRAT-II（Epperson, Ralston, Fowers, DeWitt, & Gore, 2006），針對十二項靜態因子進行評估，包括：(1) 性侵害案件數；(2) 性侵害案中有幾位不同的被害人；(3) 性侵害案件數之前後期間；(4) 曾否在監督下再犯而被起訴；(5) 是否曾有一件含強制行為之性侵害是在公共場所犯下的；(6) 是否至少有一件是欺騙或誘騙得逞的性侵害；(7) 性侵害處遇情況；(8) 用手接觸性侵害的受害人；(9) 加害人曾是受到身體虐待之被害人；(10) 曾否被要求改上特殊教育課程；

(11) 曾在教育場合中違規；(12) 非性侵害的判決。適用於年齡為 12.0
到 17.99 歲男性少年性侵加害者之最近性侵犯行。該量表經研究所累積
之再犯預測 AUC 值從 0.89 到 0.53（Epperson et al., 2006; Viljoen et al.,
2008）。

　　專門為未成年性侵害加害者設計的再犯風險評估一直有一個問題，
即目前所觀察到的性犯罪再犯率往往是相當低的，一般大約只有 10%
左右，這是個好消息，但壞消息是，這個低基礎再犯率，使得很難累積
再犯資料進行檢核這些量表的預測性。以 J-SOAP-II 為例，後續的研究
所累積之再犯預測 AUC 值從 0.83 到 0.51（Prentky et al., 2010; Rajlic &
Gretton, 2010），並不穩定；Viljoen 等人（2008）甚至指出該量表僅發
現其對非性的攻擊具有一定程度的準確性，但對於性暴力的再犯並沒有
顯著的預測力。

　　在台灣，林明傑等人（2006）曾以心理病態檢索表—青少年版
（PCL-YV; Forth, Kosson, & Hare, 2003） 以 及 J-SOAP-II（Prentky &
Righthand, 2003），針對 38 位明陽中學（即少年監獄），37 位三地方法
院（嘉義、南投、彰化）保護管束之性侵害行為人為樣本進行研究。

　　心理病態檢索表由加拿大心理學教授 Hare 於 1980 年發展完成第一
版，1985 年完成修訂版，共二十項心理病態，由臨床人員與案主之面
談或藉由檔案資料完成評分。此表將二十項人格與行為特徵歸納成兩因
素。因素一（人際與感情特質）：能言善道／膚淺的魅力；自我價值之
誇大；病態之說謊；好操弄他人；缺乏毀抑或罪疚感；膚淺之感情；冷
漠／缺乏同理心；無法接受對自己行為之負責。因素二（衝動、反社會
及不穩定生活型態之特質）：對刺激之需求；寄生式之生活型態；較差
之行為控制；早年之行為問題；缺乏符合現實之長期目標；衝動；無責
任感；少年偏差行為；違反緩刑、假釋或保護管束等社區處分或規定。

有三項無法歸類：性行為雜亂；許多短期之婚姻關係；犯罪類型之多樣化。青少年版（PCL-YV；13 到 18 歲）則根據心理病態檢索表與青少年之特性編定而成，仍有二十個項目，將「許多短期之婚姻關係」改為「不穩定的人際關係」；「少年偏差行為」改為「嚴重的犯罪行為」，其餘項目大致沒變。

　　Harris 等人（1993）對於 618 名罪犯進行研究，發現全體有 31% 的再犯率。Hemphill 等人（1998）的研究發現，在一年內心理病態再犯任何犯罪的機會是非心理病態者的三倍，一年內心理病態者再犯暴力犯罪的機會是非心理病態者的三到五倍。Gretton 等人（2001）以青少年版評估 220 名社區中接受治療之青少年性犯罪，在追蹤五十五個月後發現青少年版與在追蹤期間內之暴力及非暴力之再犯有顯著的正相關。Porter 等人（2001）發現加拿大聯邦監獄假釋出獄的人中，PCL-R 高分者比低分者在青少年晚期至 40 歲後期間有顯著較高之暴力與非暴力之犯行，而高分者在 30 歲後之非暴力犯有顯著降低，但暴力犯罪之降低仍不顯著。

　　林明傑等人（2006）蒐集明陽中學全部性罪犯及嘉義、南投、彰化地院少年法庭全部性罪犯保護管束之樣本共 75 人。以 25 分為切分點，發現屬於病態格人傾向者占總人數 17.3%，明陽中學中有心理病態傾向者占 21.1%，保護管束有心理病態傾向者占 13.5%。

　　並且將 PCL-YV 與 J-SOAP-II 進行相關分析，發現 PCL-YV 總分與 J-SOAP-II 量表的靜態之相關較高於其動態次總分之相關係數，且兩者之相關均達顯著。PCL-YV 之因素二（行為與反社會）與 J-SOAP-II 之靜態因素較動態因素更為相關。PCL-YV 之因素一（人際與情感）與 J-SOAP-II 之動態因素較靜態因素更為相關。

　　然後利用此 75 名少年性侵害行為人為基礎，取得 J-SOAP-II 之平均

數與標準差，並預設低、中、高三個危險分級，0個標準差及以下（占所有個案一半）為低危險，0到1個標準差（占所有個案34%）為中危險，1個標準差及以上（占所有個案16%）為高危險。

　　基於上述結果，林明傑等人（2006）認為，少年性侵害行為人有無心理病態傾向者，在靜態與動態再犯危險分數上確有顯著不同；且有心理病態傾向者，在靜態與動態危險分數上確比無心理病態傾向者顯著較高。

　　林明傑等人（2006）的作法相當聰明，在台灣基於對少年的保護，比起成人要累積有關少年的再犯資料相對困難許多，林明傑等人依據國外所累積的文獻，先假設在 PCL-YV 得高分之少年，在暴力及非暴力之再犯率是較高的。在台灣，少年性侵害行為廣義來說亦包含暴力與非暴力類別（邱惟真，2011a），因此，以 PCL-YV 作為效標，若 J-SOAP-II 與 PCL-YV 具備效標關聯效度，則以 J-SOAP-II 作為預測少年性侵害行為人之再犯危險便具有其合理的基礎與依據。

　　儘管如此，根據林明傑等人（2006）的研究結果，是否直接採用 J-SOAP-II 仍具有相當大的疑慮，除了其樣本數較低外，最大的問題是該研究所採用之效標 PCL-YV，在台灣仍未經過本土化信效度之檢驗。

　　邱惟真（2013）接受衛生福利部之委託，研發台灣少年性侵害行為人再犯危險評估工具，研發歷程共分三個階段：文獻蒐集與檢視、焦點團體，以及量表之建構與信效度檢驗。

　　首先蒐集國外與青少年性犯罪或再犯危險評估有關之量表，找到上述四份少年性犯罪危險評估量表（JSORRAT-II、J-SOAP-II、J-RAT、ERASOR）。研究團隊將所蒐集到的四份英文量表進行中文化翻譯，而

後再將此四份翻譯好的量表，做彼此之間題目內容的比較，將具有相同或類似意涵的題目做歸類整理。歸類完成後，研究團隊考量各題項之特徵，而將所挑選出來的題項分為靜態因子與動態因子兩大類，考量研究本身之限制，僅保留靜態因子部分作為後續題目建立的基礎。

研究團隊為檢核量表的有效性，邀請少年性侵害加害人處遇工作之實務工作者及專家學者們，以焦點團體的形式來評量此份的量表，作為此份量表之專家效度依據。而後整合三場焦點團體之專業人員意見，以形成「少年靜態再犯危險評估量表」初版。然後以此版本進行資料蒐集與信效度之檢驗，最後完成 24 題之「少年靜態再犯危險評估量表」（如附件一）。

該量表所蒐集到的資料中，非性侵組共有 110 人，其來源為兩所少年矯正機關和一所地方法院少年法庭。性侵害之樣本可分為初犯組與再犯組，分別有 304 人與 36 人，除了和非性侵組有相同之來源外，還包含三所地方衛生局提供之資料。

將全部 24 題，由 3 名評分者針對 15 名性侵少年資料（邱惟真，2011a）進行評分者間信度檢測，3 位評分者完全相同計分的共有 19 題（ICC > 0.99 或無法計算），剩下 5 題中，有 1 題的 ICC 為 0.99，相當接近完全一致，而剩下 4 題的 ICC 則在 0.75 到 0.79 之間。

由 於 Viljoen、Mordell 和 Beneteau（2012） 曾 針 對 J-SOAP-II、ERASOR、JSORRAT-II 及 Static-99 對於少年再犯危險預測進行後設分析，此研究根據三十三篇發表和未發表的研究報告，總計包含 6,196 名男性少年性犯罪，進行相關以及 AUC 兩種後設分析，發現相關係數之範圍從 0.12 到 0.20，AUC 分數範圍從 0.64 到 0.67，不同的工具之間並沒有顯著的差異，研究發現雖然 Static-99 是為成年人所開發的，但針對

少年之再犯危險預測，它亦取得了類似的結果。因此，邱惟真（2013）亦以靜態 99 量表（Static-99）作為效度指標，計算少年靜態再犯危險評估量表的效標關聯效度。

表二　靜態 99 總分與量表總分 ROC 曲線之 AUC

| 靜態 99 總分 | 0.689 |
| --- | --- |
| 全部加新題 22 題之總分 | 0.791 |

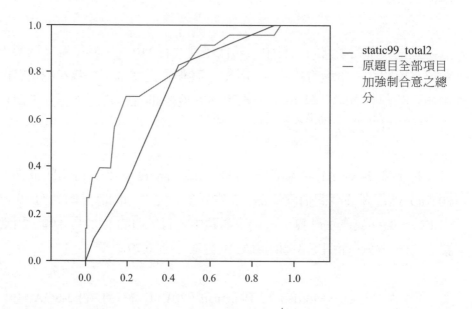

Diagonal segments are produced by ties.

圖五　兩種總分之 ROC 曲線

　　計算「少年靜態再犯危險評估量表」24 題之總分與靜態 99 量表總分之皮爾森相關係數，得到 $r = 0.435$（$p < 0.001$），顯示該量表與效標之間有顯著的中相關。

　　若將「少年靜態再犯危險評估量表」22 題之總分[5]與靜態 99 量表 9 題總分[6]共同放入 ROC 分析中，得到之結果如表二與圖五。顯示若想要分辨少年性侵害初犯與再犯組，少年靜態再犯危險評估量表所得到的結果應該比靜態 99 量表好，而且在敏感度與特異度上皆是如此。

　　邱惟真（2013）的研究顯示，相對於非性侵組，性侵組有較高的比率曾在家受過輕度或重度的身體虐待、有較高的比率由親生父母照顧、較少人使用過管制藥品、較少人曾經待過機構、被性侵次數較高、過去犯行的類別與總數皆較少、反社會行為數量較多，以及在 16 歲前被移送過的次數較少。

　　另外，在「強制／合意」中，再犯組有較高的比率屬於強制類型。在「性侵害的計畫程度」中，屬於高計畫性的性侵害犯有較高比率會是再犯組。在「性侵害中的暴力行為」中，初犯組較多無多餘暴力之情形。在「過度或偏差的性活動」中，再犯組在頻率較高的情況中較多。在「被性侵史」中，若有過較嚴重之被性侵經驗，則屬於再犯組之比率較高。在「心理治療（或輔導史）──身心狀態」中，有身心狀態問題者屬於再犯組的可能性越高。在「有無上過特殊教育」中，有接受過者屬於再犯組可能性較高。在「過去在機構之經驗」中，有過經驗者屬於再犯組可能性較高。再犯組的被害總人數顯著較高、第一次性犯行的年齡較低、16 歲以前被移送的次數較多。

---

5　刪除可能影響再犯可能性之題目，包括題項一「妨害性自主罪的移送次數」與題項二十一「初犯到此次性犯行之間隔時間」。

6　刪除可能影響再犯可能性之第五題「之前的性犯罪紀錄」。

　　有了「少年靜態再犯危險評估量表」，讓我們在台灣能夠針對少年之「再犯危險」進行評估。但此類量表在實務的運作上也有其缺點與限制，其主要缺點有三：首先，這種評估工具需要臨床工作者花費較多的時間，且無法同時評估多名行為人；其次，這些評估工具主要並非為了了解少年目前的心理社會狀態，尤其缺乏針對動態因子的完整評估，此因子多為個人的心理社會變項，若評量的題目背後缺乏一套有關於性侵害者的心理理論支持，則可能會忽略實際發生的心理現象，而降低評估的完整性以及處遇建議的有效性；第三，以「少年靜態再犯危險評估量表」為例，其所偵測的「靜態」再犯因子，皆為過去所發生的資料，並無法反映處遇（再犯預防）過程中，少年的各項身心變化，也就無法進一步反映少年的處遇（再犯預防）成效。

　　因此，發展一套可用於少年性侵害行為人、有理論基礎、適用於台灣族群的本土化動態因子臨床評估工具，仍是目前國內少年性侵害防治工作中迫切需要的工作。

　　除此之外，本研究所要發展之量表性質，與「再犯危險評估量表」，在本質上仍有一重要的差異，「再犯危險評估量表」需要專業人員針對個別少年所蒐集到的資料，進行專業上的判斷並給分，才能獲得其再犯危險之機率，這是一種由他者所進行的評估，即由專業人員進行客觀之評估。

　　本研究所要發展之量表，為一種自陳式量表，希望由少年本人，針對自己相關的性心理進行自陳式的反應，這是一種由個人自主進行的主觀性評估。在針對少年行為人進行身心評估，我們不僅依賴專業人員的評估，也希望蒐集少年本身之自陳式反應。

　　因此，除了邱惟真（2013）所完成之少年靜態危險評估量表外，針

對 KSRS（柯永河，1999）檢驗其是否適於作為少年性侵害評估工具此一研究工作，仍是恰當的。

## 第二節　台灣少年性侵害行為人評估之相關研究

　　台灣有關少年性侵害行為人評估之相關研究，除了上述邱惟真（2013）以及林明傑等人（2006）關於少年再犯危險評估之外，累積較少，但仍有四篇相關研究值得參考。

　　首先是吳敏欣（1999）直接針對少年強姦犯的兩性經驗與性價值觀所進行的研究。研究對象主要處於矯治機構（如監獄、輔育院、少年觀護所），得有效樣本 53 人。自行編製問卷，內容包括：基本特質、兩性經驗、性價值觀、強姦行為與反應四個部分。

　　研究結果發現，少年強姦犯在基本特質部分，其犯案前輟學情形嚴重（約有一半的比例為國中肄業，其次則為高中肄業），且犯案前普遍曾被控告過其他罪行（以竊盜最多，其次則為傷害、恐嚇、強盜及麻醉藥品）。被害人大多是認識的（大部分是自己的女朋友）。

　　在少年強姦犯之兩性經驗部分發現，社會化機構對於少年強姦犯兩性經驗的影響，以朋友的影響力最大，其次為學校、大眾媒體及父母，他們與女朋友的親密行為，往往忽略情感關係的培養而直接進行性行為。然而，少年強姦犯是否與異性朋友做一些親密的行為（如牽手、接吻、愛撫及性交等），與其「對強姦對象的判斷」及「對控制能力的判斷」的想法有關。他們第一次性行為的地點大多為少年強姦犯的住處、女朋友的住處或是朋友的住處，其第一次性行為的地點與其控制能力達顯著差異。

少年強姦犯之性價值觀部分，少年強姦犯並未呈現同意強姦迷思的看法，唯有半數以上（56.6%）同意「在大多數的強姦案件中，被害人是男女關係混亂的人」，他們對錯誤性行為的看法，也持不同意的態度。研究顯示強姦迷思似乎無法作為少年強姦行為的預測。

在少年強姦犯之強姦行為部分發現，性刺激確實容易引發少年強姦犯產生性行為的慾望，但少年強姦犯對強姦行為的解釋呈現否認以及推卸責任的態度。發生強姦行為的前兆最多者為感覺無聊，其次為過度喝酒。對犯案的前兆及對女性感受的臆測，與其「對女性性意願的判斷」的性價值觀有顯著差異。

蔡德輝和楊士隆（1999）採多面向的方式，針對三組少年（少年強姦犯，有效樣本 20 人；非暴力犯[7]，有效樣本 148 人；一般少年，有效樣本 143 人）在神經生理、心理層面、家庭、學校、社會背景、早期性經驗／知識及偏差行為、犯罪情境進行比較，編製包含十個分量尺的問卷：攻擊性、自我控制、情緒穩定、憂鬱性、強姦迷思、家庭控制、學校生活、差別接觸、重要他人道德品質、受虐。

研究發現，少年強姦動機「好奇者」占 64.3%，無使用工具占 53.3%，對地點非常熟悉占 57.1%，發生時間以晚上為主。在情緒基調方面，少年強姦犯與非暴力犯比一般青少年有明顯負面情緒。在家庭方面，有一半的少年強姦犯其父母有一方已死亡，將近三成表示家庭成員有犯罪前科，至於家庭成員有罹患精神疾病者則不多。在學校生活方面，有八成五的少年強姦犯常有蹺課、缺席的情形；有一半的少年強姦犯與非暴力犯課業不及格，對課業不感興趣。在社會相關因素方面，發現少年

---

7  非暴力犯係指非以強暴、脅迫手段而實施犯罪之人，如竊盜、賭博、違反毒品危害防治條例等。

強姦犯與非暴力犯對社會價值觀有許多是採中立化的觀點，一般少年則有較正向之價值觀。少年強姦犯及非暴力犯比一般少年接觸不良傳媒、模範的強度較強。少年強姦犯、非暴力犯比一般少年在各類的偏差行為有嚴重的非行程度，且有較高程度的早期虐待動物情形。顯示少年強姦犯與非暴力犯仍是較接近的一群，兩者較明顯的差異只在少年強姦犯罪與熟識者居多（66.3%），而非暴力犯罪與陌生人居多（69.7%）。

　　黃鴻禧（2007）參考國內文獻（吳敏欣，1999；林弘茂，2003；張閔智，1996；許春金、馬傳鎮，1997；許淑華，2002；陳南翰，2004；曾幼涵，2001；曾淑萍，2000；蔡德輝、楊士隆，2000），編製「少年生活經驗量表」，包括個人特質、家庭控制、學校控制、性經驗、自我控制、日常生活型態、性侵害經驗等七個分量表。針對少年性侵害行為人（簡稱性侵組，有效樣本146人），以及在學男性國中及高中學生（簡稱一般組，有效樣本262人）進行資料之蒐集與分析。

　　研究結果發現，少年性犯罪的激增期為國三到高一階段。不論是性侵組或一般組，皆經常利用晚上21到24時上網瀏覽情色圖片或影片，而且一般組的參與頻率平均數高於性侵組少年。基本資料顯示，性侵組有三成目前就學中，未就學有固定工作者也有34.9%；其父母婚姻關係不完整高達75.3%，父母親教育程度普遍為高中以下，家庭社經地位較低。性侵組對於妨害性自主的法律認知較為不足，有64.4%的行為人有其他犯罪前科紀錄，前科紀錄中以竊盜最為最多（69.1%）。超過七成的行為人（75.3%）第一次性經驗年齡在15歲以下，與第一次性行為的對象大多認識（91.7%）。少年性侵害以單獨1人犯案的情形居多（68.5%），被害人以女朋友最多（45.9%），超過八成（84.9%）的行為人與被害人認識，發生性侵事件的原因則以沒什麼特別原因或喜歡被害人最多（63%），犯罪前情境有無聊（47.3%）、性衝動（38.4%），以及過度喝酒（19.2%）最為常見。有69.6%的少年性侵害事件未使用

暴力，46.6% 的行為人主觀上認為被害人同意與其發生性關係，發生性關係後，54.1% 覺得很對不起被害人，44.5% 有罪惡感，20.5% 很緊張害怕被發現，但仍有 17.1% 覺得沒什麼特別，15.1% 覺得滿足慾望需要，11% 認為是在朋友的壓力下完成。

性侵組與一般組在父母婚姻狀況（性侵組之父母婚姻較不健全）、家庭社經地位（性侵組較低）、家庭控制（性侵組在父親監督、母親監督、家庭關係較差）、學校控制（性侵組向上程度、附著學校較差）、自我控制（性侵組為高衝動性、高冒險性、高自我中心及低挫折容忍）、以及日常生活類型（性侵組參與遊樂型活動較高，一般組參與運動型及室內型活動頻率較高）均呈現顯著差異。相關分析顯示父母親婚姻狀況越完整、家庭社經地位越高、家庭控制以及學校控制越高之少年，其自我控制程度亦較高，且自我控制程度較高之少年，參與室內型及運動型活動頻率亦越高，但參與遊樂型活動之頻率越低。

黃富源等人（2008）參考國內文獻（吳敏欣，1999；曾淑萍，2000；黃鴻禧，2007；蔡德輝、楊士隆，2000），亦編制一「少年生活經驗量表」，內容包括：個人特質、家庭生活（家庭控制、親子關係與家庭重大事故）、個人被虐及疏忽、人際關係（社交能力、兩性相處、建立關係能力、情緒控制能力與社會疏離）、性幻想、認知扭曲（性侵害迷思與性別刻板化印象）、偏差與犯罪行為（一般偏差、暴力、財產、毒品、性偏差）、色情傳媒（喜好程度、接觸年齡與頻率）、休閒活動（一般休閒與遊樂休閒）、偏差友伴與偏差行為（一般偏差、暴力、財產、毒品、性偏差）等因子。將少年分為三類進行調查，第一類有關少年性侵害調查上，以機構內採取普測方式，保護管束部分以立意抽樣為主（稱性侵組，有效樣本 173 人）；第二類則為少年暴力犯，機構處遇內之強盜搶奪之案類少年為對象（稱暴力組，有效樣本 134 人）；第三類為一般少年，依全國國高中在學人數比例，進行隨機抽樣（稱一般組，有效樣本 951 人）。

　　研究發現，性侵組少年之國中階段是性行為激增期，有 45% 者對性侵害之法律認知不足，多數父母婚姻不健全，父母教育程度在國中以下者為最多，家庭社經地位較低且工作不穩定之情形嚴重。六成性侵害少年具有前科紀錄，第一次性行為對象以女朋友居多，發生地點以自宅為最多，有 66.5% 少年單獨犯案，但仍有約 30.6% 的妨害性自主案件是由 2 人以上結夥共同犯案，被害人部分仍以一人為最多，犯罪手法六成以上沒有使用暴力手段（61.3%），犯案動機則是以因男女朋友交往之故為最多（32.0%），沒有特殊原因次之（30.8%）。

　　將三組進行差異分析，得表三之結果，很明顯地，一般組在各個變項的表現上，與暴力組相當不同，一般組與性侵組只有四個變項表現較一致，反而性侵組與暴力組在大部分的變項上，其反應是較接近的。

　　黃富源等人（2008）進一步將妨害性自主罪之少年依其前科紀錄分為單純型與混合型少年。單純型除本身性侵害案件外，未有其他類型犯罪之紀錄；混合型少年，除犯妨害性自主案件外，另有其他犯罪類型之紀錄。研究發現混合型少年有較高比例未與生父母同住、一般性幻想、挑逗刺激、性別刻板化印象、一般偏差、暴力犯罪、財產犯罪、毒品犯罪、一般型性偏差行為、傳遞型性偏差行為、一般遊樂、偏差遊樂、偏差友伴。此混合型少年在調查表之表現，更接近暴力組之表現型態。

　　再將調查資料經二元 Logistic 迴歸分析後發現，少年從事較多的一般偏差行為、父母婚姻狀況較不正常、母親教育程度在國中以下者、較少參與網路影音休閒活動、從事較多的暴力犯罪行為、參與較多的不當遊樂型休閒活動、較少參與升學才藝休閒活動、參與較多的一般遊樂型休閒活動、父親教育程度在國中以下者、從事較多的毒品犯罪行為、偏態性幻想較少，其性侵害可能性也相對提高。

## 表三　三組少年在各變項上之差異

| 變項 | 一般組 | 性侵組 | 暴力組 |
|---|---|---|---|
| 1.　個人特性（家庭結構、父母教育程度、家庭經濟、與生父母同住） | + | – | – |
| 2.　家庭生活經驗（父親直接控制、母親直接控制、家庭關係） | + | – | – |
| 3.　人際關係（兩性關係、社會疏離） | – | + | + |
| 4.　人際關係（情緒控制） | + | + | – |
| 5.　性幻想（一般性幻想） | – | – | + |
| 6.　性幻想（偏差性幻想） | + | – | – |
| 7.　認知扭曲（暗示卸責） | – | + | + |
| 8.　認知扭曲（挑逗刺激） | – | – | + |
| 9.　認知扭曲（性別刻板化印象） | – | + | ++ |
| 10.　色情傳媒接觸 | + | – | – |
| 11.　升學才藝、網路影音休閒活動 | + | – | – |
| 12.　一般遊樂、偏差遊樂型 | – | + | ++ |
| 13.　偏差友伴 | – | + | ++ |
| 14.　一般偏差、暴力犯罪、毒品犯罪 | – | + | ++ |
| 15.　財產犯罪 | – | + | + |
| 16.　一般偏差性行為（色瞇瞇、黃色笑話） | – | – | + |
| 17.　傳遞型性偏差行為（色情書刊、圖片、電話） | – | + | ++ |

註：「−」表無顯著差異；「+」表具顯著差異。例如「一般組—；性侵組+；暴力組++」，表示「性侵組高於一般組，暴力組高於性侵組」。

綜觀上述四篇研究，為我們對台灣少年性侵害行為人的圖像立下了基礎。可惜的是，上述四篇研究所使用的量表，採取的是一種研究取向的問卷調查，並不適於本研究的臨床需求，但所得到的研究結論仍值得我們參考。

首先，這些人具有早發性的性行為（如超過七成的行為人第一次性經驗年齡在 15 歲以下），其家庭通常是不完整的（如父母婚姻關係不完整高達 75.3%），且社經地位較低，大部分的人在學校與社會適應是有問題的（如輟學情形嚴重、性侵害之法律認知不足、六成具有前科紀錄），被害人以女朋友最多（45.9%），超過八成的行為人與被害人是認識的，發生性侵事件的原因則以沒什麼特別原因或喜歡被害人最多（63%），犯罪手法六成以上並沒有使用暴力手段。本研究試著將上述結論化為具體項目，作為 KSRS 基本資料（詳見附件四）之補充並進行蒐集比較。

其次是少年性侵害行為人確實跟一般青少年不同，但其生活經驗和犯罪危險因子卻與少年暴力犯以及非暴力犯有相當高的一致性，這表示未來在針對台灣的少年性侵害行為人進行輔導或處遇介入時，不可忽略其為「非行少年」之本質。

最後，本研究亦發現，相對於第一節的少年性犯罪危險評估工具，在各項性侵害危險因子中，少年的「自我控制」能力此一向度，可能被忽略並且是相當關鍵的動態因子。此一議題，我們在第四節會有進一步討論與補充。

至此，針對 KSRS（柯永河，1999）進行青少年版之修訂，看來勢在必行。

## 第三節　柯氏性別關係量表之初步建構

「人際、思考、行動習慣量表」（柯永河，1999）亦稱為「柯氏性別關係量表」（Ko's Sexual Relation Scale, KSRS），其為一套性侵害加害人心理狀態評估工具，其乃藉以評估加害人心理狀況，及研究與性侵害行為相關的社會心理因素，作為安排相關治療及預防再犯行為發生之用，即可作為一套性侵害加害人「動態因子」之評估工具。

柯永河（1999）首先參考許春金、馬傳鎮（1992）之研究結果，認為：「性侵害行為的動機相當複雜，除了性慾滿足（洩慾）、報仇、洩恨之外尚有其他當事人所無法意識到的生理或心理動機。」（頁1）例如，性侵加害人與一般人在觀看或聽取性侵害情節的影片或錄音帶時，性侵加害人較一般人顯示有性興奮（勃起）的情形（Abel et al., 1977; Quinsey & Chaplin, 1984; Earls, 1988; Hall, Shondrik, & Hirschman, 1993）。雖然性侵害動機之強弱與生理性慾活動之活躍與否有關，但柯氏進一步認為憤怒、焦慮、孤單、寂寞等表面上似與性慾強弱無關之情緒，亦值得探究。

Hall 和 Hirschman（1991）即強調四項因素對於形成性侵害行為的重要性：(1) 生理上的興奮，即個人對於性興奮的抑制力較弱；(2) 認知評估，如支持性侵害行為的態度、認為性侵害行為沒什麼等；(3) 情感失控，如犯案前充滿憤恨或抑鬱的情感狀態，使其認知扭曲而易導致性侵害行為；(4) 人格問題，由早期經驗所形成的人格缺陷，如反社會性格。

另外，除了動機（包括生理上的興奮）、情緒、認知、人格等不可或缺之內在身心條件（黃軍義，1999），性侵害行為發生的外在情境線索也是重要的影響條件，Malamuth 等人（1986）的研究即指出，在沒有風險的情境下，約有 35% 的大專男性可能會從事性侵害行為。

Russell（1984）曾指出促成性侵害行為的四項因素：(1) 具有性侵害的傾向；(2) 內部抑制力的降低；(3) 社會抑制力的削弱；(4) 被害人避免被性侵的能力不足。同一時期，Finkelhor（1984）從兒童性虐待之領域亦提出四階段模式，描述發生兒童性虐待所需的先決條件：(1) 性虐待的動機；(2) 克服內在的抑制因素；(3) 克服外在的意志因素；(4) 克服受害者（兒童）的拒絕。

柯永河（1999）參考上述理論背景，再加上其獨創的習慣理論（柯永河，1994），認為：「除了這些促發性內外在因素之外，尚須考慮此行為內外抑制性因素的存在與否；因為每個人的性需求自從青少年期以後就會增強，但會成性侵害加害人者究竟僅是一般人口中的一小部分人而已，所以有關行為的促發性內外因素的測量雖然很重要，上述內外抑制因素之存在與否及強弱的測量也不該忽略……。抑制性因素有內外在兩大類；內在因素可包含：以性衝動為刺激的性侵犯抑制思考習慣，情緒習慣，性動作習慣，性意識習慣及守法思考習慣、守法動作習慣、守法意象習慣以及一般的正常思考習慣等；外在因素則包含了犯罪當時的情境、時間、對象及加害者與被害者的關係等。」（頁1）

「性加害行為與性慾強弱，內外線索，內外在抑制條件有關外，和個人犯罪前心理健全程度也有密切關係；例如躁症者不但性慾旺盛，與之相伴隨，來自道德觀念的意志力也暫時大為減弱；妄想症者（具有性妄想者）及在安非他命等藥物影響下者性慾也會倍增，抑制力暫時也相對地減弱等；所以，測量犯案人的一般心理健全程度也是不能忽略的，因為此類測量的結果不但有助於瞭解何以性加害行為會發生，也可成為判斷藥物治療需要程度的絕佳依據。」（頁2）

綜合上述討論，柯永河（1999）認為針對性侵害行為之評估，需考慮到其促發性內外因素（內在動機與外在情境線索）、內外抑制因素，

以及犯罪前心理的健全程度等，並據此編制一套自陳式測驗，希望藉由此測驗測量出性侵害加害人的：(1) 一般心理健康程度；(2) 過去嗜酒及使用法定禁藥之程度；(3) 因嗜酒及使用禁藥而產生性侵害行為之程度；(4) 性衝動之內外因素，包括生理、心理社會因素；(5) 性衝動之強度；(6) 性衝動控制、壓抑機轉的種類及強度；(7) 性衝動控制行為的有效性或成功率；(8) 對自己過去所犯性加害行為之倫理評估力；(9) 對被性加害者之同理程度；(10) 對自己性加害衝動之監控能力或敏感度；(11) 對性加害行為的價值判斷；(12) 家人對自己性加害行為的態度或說法、反應；(13) 對性加害罪處罰內容的了解程度；(14) 性加害行為將發生時對後果的關心程度；(15) 對性加害罪處罰的害怕程度；(16) 因憤怒或焦慮或寂寞感而犯性加害行為的程度；(17) 對於異性的態度。

　　柯氏把上述所列十七項內容以具體易懂的字眼及習慣測驗擬題方式（柯永河，1996），撰寫170題（每項平均10題）作為第一部分之測驗內容。第二部分加上「反社會性格違常」、「反社會思考習慣」、「神經質因素」、「精神病質因素」、「健康分數」、「自評作答可不可靠」等六個向度計41題，共211題。接著，將第一部分進行資料的蒐集與分析，以因素分析抽出可代表上述十七個因素的項目。最後，再以各因素之 Cronbach's alpha（內部一致性 $\alpha$ 值）進行題項之調整（刪題、加題、修改計分方法），確定總題數共 162題，分為二十三個量尺。內容包括：(1) 性衝動被刺激觸發容易度；(2) 以性加害證明男性氣概；(3) 性加害行為應加處罰；(4) 使用毒品經驗；(5) 性慾望強度與頻率；(6) 藥物影響性行為；(7) 反對男尊女卑的態度；(8) 對受害者的同理心；(9) 絕不犯性加害行為的自我期許；(10) 對性加害者的負面看法；(11) 性加害傾向強。12. 性加害行為控制難度（遺傳、家庭歸因）。13. 反對性加害行為；(14) 支持性加害行為；(15) 性加害者的社會背景（與飲酒行為）的歸因；(16) 性加害行為難控制；(17) 對酒、性刺激的忍受度低；(18) 正常量尺；(19) 神經質量尺；(20) 精神病質量尺；(21) 反社會性格量尺；(22) 反社會思考習慣量尺；(23) 自評作答可不可靠。

　　在信、效度之檢驗上，信度以總樣本 181 名（學生 90、性加害組 40、非性加害組 4、一般成人 47）計算各量尺之內部一致性 $\alpha$ 值（0.44 到 0.88）。效度採參照團體檢驗，以 67 名男性及 70 名女性比較性別差異，結果發現除因素三、八、十、十四外，其他因素量尺得分均值皆具有顯著差異；以台大男生組（20）、一般成人（47）、性加害組（40）、非性加害組（40）進行 ANOVA 分析，結果發現第一部分除因素七、八、十一外，其他因素量尺得分均值皆具有顯著差異；第二部分僅發現在「反社會人格違常」量尺上有顯著差異，性加害組與非性加害組兩組傾向一樣強，但均高於其他兩組；若將四組區分為受刑組與非受刑組，則在「反社會人格違常」及「神經質」兩量尺上具有顯著差異。

　　透過上述信、效度的檢驗歷程，柯永河（1999）發現性侵害加害人在自陳量表上有意強調其作答可靠的心理傾向，其隱含的意義是他們在某些若據實回答一定會做成不利己後果的項目作了不實回答的事實，意即他們採用了心理分析學家所說的「反向作用」（reaction-formation）的防衛機轉。也就是說，性加害組以正面方式隱藏實情（否認自己有不好傾向）的傾向是清楚而穩定的。柯氏認為此量表較偏重「性慾理論陣容」，較忽略了「攻擊理論陣容」，因此在問卷中過分強調性慾論的擬定方式，可能反而導致所有受測者對與性慾有關的測驗題目，在無意中起了某種程度的警戒心與否認態度。

　　最後，柯氏針對此量表資料進行項目分析。找出 53 題是性加害組的均值顯著低於非性加害組（簡稱低分項目），27 題是性加害組的得分顯著高於非性加害組（高分項目）。低分項目顯示性侵害加害人在回答問卷題目時不斷地為犯性加害罪的人做有力的辯護，表示：「他們不是性慾很強，很容易被異性身體……的視覺刺激所引發，且一旦被引發則排山倒海似地強烈，無法控制；他們不是非常異於一般人『像動物一樣的人』；他們並不是沒有道德觀念；他們的行為並非出自於報復心理，

或受藥物控制，受環境利誘，特殊生理條件的之支配。……以否認的作答方式表示犯性加害罪的人也是人，和正常人一樣，不要輕視，看不起他們，他們的性行為，慾念反應，生理條件，道德觀念並沒有顯著異於常人之處。」（頁64）

　　高分項目則為性加害組承認或同意自己有的思考與言行。他們承認自己有用毒藥的經驗；承認性加害行為是不道德而性加害者應該為此感到懊悔；性加害者會覺得自己的所為會被非議、被藐視；自認為有良好的思考習慣；承認有反社會性格違常傾向；對於受害人有歉意或同理心；並發誓將來不再犯性加害罪。

　　柯氏認為低分項目等於或低於25%，而高分項目等於或高於75%時，需注意：「個案的防衛機轉（否認機轉）強勢地在運作，而表面雖然合作，裡面卻不認真面對自己的心理問題，所以心理輔導或治療都難收效。」（頁67）因此，KSRS（柯永河，1999）的最終版本，是再加上 (24) 低分項目，以及 (25) 高分項目，組成計二十五個分量尺的自陳式量表。

## 第四節　柯氏性別關係量表信效度之進一步檢驗

　　陳郁岑（2004）針對「人際、思考、行為習慣量表」（KSRS）進行檢驗，檢視 KSRS 既有題目，針對寫題方式有疑義的題目進行改寫，作為新增項目，計 8 題；並增加「強暴迷思」，計 13 題，總計 183 題，共二十四個因素量尺，發展出 KSRS（2003）量尺。並以馬康社會期許量表簡式 C 版（MCSD-C）作為受測者社會期許表現的測量工具。亦擴大樣本數為性犯罪組（392）、非性犯罪組（375）、正常學生對照組（222）。

　　驗證過程與結果，信度之內部一致性 α 值介於 0.43 到 0.83 之間；再測信度（N = 94 高職學生），各因素量尺，除可靠量尺外，其他量尺兩次施測值相關係數介於 0.38 到 0.76 之間，且均達 0.01 水準以上之顯著水準。

　　而效度之因素分析檢驗，分別對 KSRS（2003）的二十四個因素量尺進行因素分析，顯示因素量尺一、二、三、四、六、九、十一、十三、十五、十六均跑出單一因素，表示這十個因素量尺各測量一個單一建構，具良好建構效度。因素五、七、八、十、十二、十四、十七、強暴迷思等八個因素量尺則跑出兩個因素結果，可在未來進行調整，以加強此量表之建構效度。在與性無關的六個因素量尺上，其效度在不同研究中已受到支持，可視為具有效度，但在本研究中對此七個因素皆為非單一因素結構。將二十四個因素量尺加上 MCSD-C 總分，進行因素分析，結果得五個因素，共可解釋 60.9% 變異量：因素一（性加害特徵強度及社會期許傾向強度 28.77%）；因素二（責備性加害傾向 15.42%）；因素三（區辨性侵／正常組有效指標 6.44%）；因素四（精神狀況量尺 5.79%）；因素五（同意男女平權及自評可靠態度 4.49%）。參考柯永河（1999）研究結果得知，性侵害組在因素一得分偏低，因素二、三、五得分偏高。陳氏由此趨勢認為，性侵害組在此五因素表現上有特殊之型態，並可據此五因素的表現型態來鑑別是否為性侵害組。

　　參照團體之效度檢驗，除了因素量尺八、十七之外，其他因素量尺三組的得分均值間皆存有顯著差異。因素量尺一、二、三、四、五、十、十四、十五、十六及反社會性格傾向等十一個量尺的組間得分比較情形與 1999 年的研究結果相同。其他因素量尺組間比較雖然在兩次研究有所不同，但不同處多為組間差異由原本有顯著差異變為無顯著，或是由原本無顯著變為有顯著，各組間得分高低順序則無明顯不同。

MCSD-C 之比較以及對 KSRS（2003）之影響則發現，性犯罪組的社會期許量表得分高於其他兩組，且顯著高於學生組。低社會期許量表得分組（後 25% 低得分者）在 KSRS 量表與性相關的因素表現較符合一般人士對性侵害加害者持有的刻板印象；KSRS 量表的結果較可以採信。社會期許傾向越強，因素量尺得分越低者：因素量尺一、二、三、五、六、十、十一、十二、十四、十五、十六、十七、神經質、精神病質、反社會人格傾向、反社會思考習慣、強暴迷思。社會期許傾向越強，因素量尺得分越高者：因素量尺九、十三、正常量尺、作答可靠度。

陳郁岑（2004）根據性犯罪者的犯行特徵分組進行比較，使得 KSRS 量尺的效度獲得進一步的支持。包括：(1) 性受害對象同意性交組比不同意性交組在 KSRS 量表上表現出較少的偏差反應，如較不具「性加害行為證明男性氣概」、「性慾望強度及頻率較低」、「性加害傾向較低」等；(2) 需強制治療的刑前組比刑中組具較多的偏差反應，如較不同意性加害行為應加處罰、願意承認自己的性慾望強度與頻率較高、性加害傾向較高、覺得性加害行為控制難度較高、正常量尺得分較高、精神病質傾向較高；(3) 受害者年齡橫跨未成年及成年的性犯罪者，性加害傾向比其他組顯著地強，如認同性加害行為的控制難度較高、反社會思考習慣較多、性侵害傾向較強、對酒及性刺激的忍受度較低；(4) 猥褻組較性交組表達出較強烈對強姦行為加害者的負面看法，也較不隱瞞自己對性或酒刺激的忍受度較低；(5) 年齡越大，越認同「以性加害行為證明男性氣概的想法」，也越缺乏對個案的同理心，越不期許自己不犯性加害行為，越認同性加害行為難以控制的想法，且對酒及性刺激的忍受度越低，正常傾向越低，反社會人格傾向越低，自評作答可靠度較低。

陳氏綜合關於 KSRS 各種組間比較結果，發現因素量尺四「使用毒品經驗」以及「反社會性格傾向」量尺是最具有效度的因素量尺，可以區辨性侵害組及非性侵害組。此兩個向度乃重要之區辨指標，有趣的是，

此兩個向度亦可視為本土研究中所發現較穩定的「靜態」因子。

　　邱惟真（2011b）以 KSRS（柯永河，1999）蒐集二十三個少年性侵害加害人樣本，進行信度分析，得 Cronbach's alpha 值為 .754，表示此量尺在針對青少年的使用上是具有內部一致性信度的。

　　邱氏進一步將少年性侵害加害人初階團體有效樣本 23 人，與社區成人初階團體有效樣本 32 人（邱惟真等人，2007）進行獨立樣本 T 檢定。發現少年團體在 SEX1（性刺激—性衝動）、SEX2（以性加害證明能力）、SEX13（反對性加害行為）、神經質因素、精神病質因素、反社會型性格傾向、反社會型思考習慣、自評作答可靠度等量尺具顯著差異。顯示少年團體在「性刺激—性衝動」、「以性加害證明能力」、「神經質因素」、「精神病質因素」、「反社會型性格傾向」、「反社會型思考習慣」這六個量尺，其反應是較社區成人加害人高的，而在「反對性加害行為」以及「自評作答可靠度」兩方面的反應是較社區成人加害人低的。這樣的結果提醒我們，在針對少年性侵害加害人使用此「人際、思考、行動習慣量表」時，至少在這八個分量尺的解釋上要更謹慎一點。

　　邱惟真（2011b）之研究結果，初步建議 KSRS（柯永河，1999）是可以應用在少年的評估。但針對少年之信、效度檢驗，以及少年常模之建立，仍是刻不容緩的。

# 第五節　少年性侵害行為人自我控制分量尺之補充

　　除了我們在第二節所獲得的結論之外，Beech 和 Ward（2004）亦曾指出，造成性侵害加害人再犯危險的「心理傾向」具有四種特性：性慾的自我調控、支持犯行的認知、人際功能的程度，以及自我調控的問題。

此四種特性可涵蓋在「認知扭曲」與「自我調控失敗」兩大類別中。

　　法務部（2010）曾分析少年兒童犯罪之原因，以因「心理因素」而犯罪的人數最多（98 年 42.3%），其中心理因素則以「自制力不足」為主要原因（91.4%）。金炫泰（2010）以國中生為研究對象，研究結果指出「自我控制」與「偏差行為」間，有顯著「負相關」存在，並指出「家庭經濟狀況」、「管教方式」、「自我控制」對「偏差行為」具顯著預測力，其預測力依序為「自我控制」、「管教方式」、「家庭經濟狀況」。顯示「自我控制」之能力，對於少年或少年性侵害行為人而言，都是一種重要的能力。

　　由於「認知扭曲」在 KSRS 中已有適當的評估題目，唯獨「自我控制」並未包含在 KSRS 的評估內容之中。故本研究建議將「自我控制」之能力加入少年 KSRS 之版本之中。並以金炫泰（2010）所發展關於「自我控制」之題目（計 18 題）併入 162 題之 KSRS 題目之中（如附件二），使得少年 KSRS 之題目擴大至 180 題。

　　金氏之自我控制量表係依據 Gottfredson 和 Hirschi（1991）的「一般犯罪理論」，並參考 Grasmick 等人（1993）、Arneklev 等人（2006）、張惠君（2001）、曾幼涵（2001）以及曾淑萍（2000）的自我控制量表修改而成。計 18 題，包括五個向度：衝動性、刺激性、享樂性、投機性、不專心性，內部一致性從 .66 到 .84，信度為 .87。其計分方式為 4 點量表，得分越高，表示自我控制傾向越差。由於 KSRS 為 6 點量表，因此本研究在正式使用時，將其修改為 6 點量表。

研究方法

第三章

## 第一節　研究假設

本研究依據上述之文獻探討，提出本研究欲驗證之假設：

1. 男性與女性在 KSRS 上之表現是具有差異的。
2. 性侵害行為人、非行少年，以及一般青少年在 KSRS 之表現是具有差異的。
3. 不同犯罪類型之性侵害行為人在 KSRS 之表現是具有差異的。
4. 「反社會性格傾向」量尺可能是最具有效度的因素量尺，可以區辨性侵害組及非性侵害組。
5. 性加害行為人在 KSRS 之表現，以正面方式隱藏實情（否認自己有不好傾向）的傾向是清楚而穩定的。
6. 透過項目分析的篩檢，可適度將 KSRS 量表之項目加以精簡。

## 第二節　研究工具與設計

本研究首先確認研究工具為 KSRS（柯永河，1999）之量表，再加上 18 題修訂後之自我控制量表（金炫泰，2010），共計 180 題 ( 以下簡稱 KSRS，2012)，依此進行信、效度之檢驗。

信、效度之檢驗採取個案組／對照組設計。將研究對象分為三組：

### 一、性侵害組

此組包含性侵害防治法所規範之範圍。由於本研究主要針對受「保護處分」之青少年性侵害行為人建立可用於評估團體之量表，因此初步不納入受「刑事判決」之青少年行為人。

　　資料蒐集之來源有三方面。第一，徵求地方（少年）法院之同意，提供性侵害行為人之 KSRS（2012）之資料。在資料處理方面，為了遵守少年事件處理法與個人資料保護法中對於少年性侵害行為人之隱密與保護性之規範，同時常模之建立不需針對單一個案之身分加以考慮，因此在建立常模時可省略個人身分之資料。在實務作法上，可以請求地方（少年）法院協助時，提供不具任何身分識別之研究數據，抑或在收到地方（少年）法院所提供之原始資料後，第一步即採取切割身分資料與 KSRS 等研究所需數據，並且將身分資料加以封存。第二，針對進入社區處遇之少年性侵害行為人，徵求地方政府防治中心提供少年之 KSRS（2012）之資料。同樣考量相關法律對少年性侵害行為人之隱密與保護性規範，在蒐集資料時會採取不記名或將個人身分之資料作封存之動作。第三，徵求各少年矯正機關之同意，進入與蒐集正在接受感化教育少年行為人的 KSRS 分數，以團體施測之方式進行。同樣地，也會有上述之措施來保護少年行為人之隱密性。共蒐集 226 名少年之資料。

## 二、非性侵害組

　　此組包含因觸犯性侵害以外的案件之非行少年。資料蒐集之來源有兩方面。第一，徵求地方（少年）法院之同意，於假日生活輔導，針對受保護處分之非行少年，蒐集 KSRS（2012）之資料。過程中為了遵守少年事件處理法與個人資料保護法中對於非行少年之隱密與保護性之規範，可採用不記名或封存個人身分資料等方式。第二，與來自於各少年矯正機關之性侵害組資料相同，也蒐集性侵害以外之非行少年的 KSRS 分數，過程中也有相同之措施來保護少年身分之隱密性。共蒐集 275 名少年之資料。

### 三、一般對照組

　　此組包含未曾因任何犯罪紀錄之青少年。由於本研究之對象包含 13
歲以上、18 歲以下之青少年，涵蓋國中、高中（職）之範圍，計蒐集
380 名國中生，以及 470 名高中（職）學生 KSRS（2012）之資料，總
計 850 名。

## 第三節　研究對象

　　在所蒐集到的有效樣本中，性侵害組共有 226 人、非行少年組有
275 人、一般組有 850 人。各組樣本來源如表四。

### 表四　各組樣本來源與人數

| 組別 | 來源 | 人數 | 百分比 |
| --- | --- | --- | --- |
| 性侵害 | 宜蘭地院 | 12 | 5.3% |
| | 花蓮地院 | 20 | 8.8% |
| | 屏東地院 | 2 | 0.9% |
| | 苗栗地院 | 2 | 0.9% |
| | 新竹地院 | 78 | 34.5% |
| | 嘉義地院 | 6 | 2.7% |
| | 台中處遇團體 | 17 | 7.5% |
| | 南投處遇團體 | 14 | 6.2% |
| | 苗栗處遇團體 | 13 | 5.8% |
| | 高雄處遇團體 | 23 | 10.2% |
| | 新竹處遇團體 | 24 | 10.6% |

| | | | |
|---|---|---|---|
| | 誠正中學 | 15 | 6.6% |
| | 總人數 | 226 | 100.0% |
| 非行 | 苗栗假日生輔 | 21 | 7.6% |
| | 新竹假日生輔 | 53 | 19.3% |
| | 嘉義假日生輔 | 19 | 6.9% |
| | 誠正中學 | 182 | 66.2% |
| | 總人數 | 275 | 100.0% |
| 一般 | 三育高中 | 56 | 6.6% |
| | 大安高工 | 33 | 3.9% |
| | 仁義高中 | 90 | 10.6% |
| | 北興國中 | 98 | 11.5% |
| | 四箴國中 | 87 | 10.2% |
| | 民雄國中 | 57 | 6.7% |
| | 立仁高中 | 40 | 4.7% |
| | 花蓮高農 | 41 | 4.8% |
| | 信義國中 | 111 | 13.1% |
| | 苑裡高中 | 77 | 9.1% |
| | 埔里國中 | 27 | 3.2% |
| | 嘉義高工 | 70 | 8.2% |
| | 嘉義高商 | 63 | 7.4% |
| | 總人數 | 850 | 100.0% |

　　而在三組樣本中，男性的比率在性侵害組與非行組中都為九成五以上，而一般組則略高於一半。其次數分布的卡方檢定顯示 $p < 0.001$，表

示各組的男女比例分布有明顯不對稱的現象，顯示性別差異極為明顯。各組中性別比例如表五。

在其餘的基本資料方面，由於性侵害組的收案方式限制，有部分在施測 KSRS 量表時並未附上基本資料表，故在性侵害組中可分析人數大幅減少。在家庭結構方面，原本的計分可分成六類，但根據統計結果，大部分的樣本只集中在「與父母同住」和「單親」這兩類，因此將其他的四種分類綜合在一起成為「其他」，包含了原本的「與祖父母同住」、「三代同堂」、「寄養（安置）家庭」、「其他」。

從表六次數分布中可觀察到單親的比率在性侵害組與非行組中最高，而一般組中單親比率降至 15.7%，超過一半的樣本為與父母同住。其次數分布的卡方檢定顯示 $p < 0.001$，表示各組的家庭結構分布有明顯不對稱的現象，顯示家庭結構與不同組別間有關聯。

### 表五　各組男女比例

| | | 組別 | | |
| --- | --- | --- | --- | --- |
| | | 性侵害 | 非行 | 一般 |
| 性別 | 男 | 224（99.1%） | 265（96.4%） | 435（51.2%） |
| | 女 | 2（0.9%） | 10（3.6%） | 415（48.8%） |

### 表六　各組家庭結構人數

| | | 組別 | | |
| --- | --- | --- | --- | --- |
| | | 性侵害 | 非行 | 一般 |
| 家庭結構 | 與父母同住 | 39（37.1%） | 103（38.0%） | 550（66.0%） |
| | 單親 | 44（41.9%） | 112（41.3%） | 131（15.7%） |
| | 其他 | 22（21.0%） | 56（20.7%） | 152（18.3%） |

## 表七　各組父母關係人數

| | | 組別 | | |
| --- | --- | --- | --- | --- |
| | | 性侵害 | 非行 | 一般 |
| 父母關係 | 親生父母健在 | 39（37%） | 123（45.0%） | 666（79.8%） |
| | 父母離婚 | 39（37%） | 93（34.1%） | 104（12.5%） |
| | 其他 | 27（26%） | 57（20.9%） | 64（7.7%） |

## 表八　各組主要照顧者之人數

| | | 組別 | | |
| --- | --- | --- | --- | --- |
| | | 性侵害 | 非行 | 一般 |
| 主要照顧者 | 父母 | 84（80.0%） | 215（79%） | 771（91.9%） |
| | 祖父母 | 11（10.5%） | 39（14%） | 49（5.8%） |
| | 其他 | 10（9.5%） | 18（7%） | 19（2.3%） |

　　在父母關係方面，原本的計分可分成六類，但根據統計結果，大部分的樣本也是只集中在「親生父母健在」和「父母離婚」這兩類，因此將其他的四種分類綜合在一起成為「其他」，包含了原本的「親生父母歿」、「繼父母」、「父母非婚姻關係」、「其他」，詳見表七。

　　在性侵組中，「親生父母健在」的比率並未比「父母離婚」的比率高，而在非行組和一般組中，「親生父母健在」的比率才逐漸升高。次數分配的卡方檢定顯示 $p < 0.001$，表示三組中的比率有顯著的不對稱現象。

　　在主要照顧者方面（表八），原本的計分可分成四類，但根據統計結果，大部分的樣本最集中在「父母」這一類，其次為「祖父母」這一類。因此將剩下的「親戚」和「其他」分類都歸為「其他」。在性侵組和非行組中，「父母」的比率大約都為八成，但性侵害組中「祖父母」的比

率就比非行組低。而在一般組中，「父母」的比率高於九成。次數分配
的卡方檢定顯示 $p < 0.001$，表示三組中的比率有顯著的不對稱現象。

　　在主要照顧者的教養方式上面，可分為「開明」、「專制」、「放
任」、「混亂」四類。由表九中可知，「開明」的比率在性侵害組與非
行組中都在六成五左右，而在一般組中就高於七成五。「專制」的比率
在性侵害組中最高，接近二成五。「放任」的比率在非行組中最高，大
於一成。次數分配的卡方檢定顯示 $p < 0.001$，表示三組中的比率有顯著
的不對稱現象。

　　在家裡經濟狀況上面，可分為「富有」、「小康」、「勉強」、「貧乏」
四類。「勉強」的比率在性侵害組與非行組中都超過五成（表十），而
在一般組中就略低於五成，但仍是四類中最多的一類。次數分配的卡方
檢定顯示 $.001 < p < 0.01$，表示三組中的比率確實有顯著的不對稱現象，
但其不對稱情形不如上述討論過的基本變項；亦即家裡經濟狀況與組別
間的關係強度可能略小。

　　在性經驗上面（表十一），性侵害組與非行組填選「是」的比率明
顯較高，尤其以性侵害組最高，在七成五以上。而一般組中填選「是」
的比率少於一成。次數分配的卡方檢定顯示 $p < 0.001$，表示三組中的比
率有顯著的不對稱現象。

　　在猥褻或騷擾方面（表十二），性侵害組填選「是」的比率最高、
在二成五以上，其次為一般組的 5.2%，最少為非行組的 2.2%。次數分
配的卡方檢定顯示 $p < 0.001$，表示三組中的比率有顯著的不對稱現象。

### 表九 各組主要照顧者的教養方式之人數

| | | 組別 | | |
| --- | --- | --- | --- | --- |
| | | 性侵害 | 非行 | 一般 |
| 主要照顧者的教養方式 | 開明 | 71（67.6%） | 175（65.8%） | 648（77.9%） |
| | 專制 | 26（24.8%） | 52（19.5%） | 134（16.1%） |
| | 放任 | 8（7.6%） | 31（11.7%） | 32（3.8%） |
| | 混亂 | 0（0.0%） | 8（3.0%） | 18（2.2%） |

### 表十 各組家裡經濟狀況之人數

| | | 組別 | | |
| --- | --- | --- | --- | --- |
| | | 性侵害 | 非行 | 一般 |
| 家裡經濟狀況 | 富有 | 1（1.0%） | 2（0.7%） | 12（1.0%） |
| | 小康 | 36（34.3%） | 109（39.6%） | 551（45.2%） |
| | 勉強 | 58（55.2%） | 139（50.6%） | 581（47.6%） |
| | 貧乏 | 10（9.5%） | 25（9.1%） | 76（6.2%） |

### 表十一 各組性經驗之人數

| | | 組別 | | |
| --- | --- | --- | --- | --- |
| | | 性侵害 | 非行 | 一般 |
| 性經驗 | 是 | 79（76.7%） | 189（68.7%） | 61（7.2%） |
| | 否 | 24（23.3%） | 86（31.3%） | 783（92.8%） |

### 表十二 各組猥褻或騷擾之人數

| | | 組別 | | |
| --- | --- | --- | --- | --- |
| | | 性侵害 | 非行 | 一般 |
| 猥褻或騷擾 | 是 | 27（26.0%） | 6（2.2%） | 44（5.2%） |
| | 否 | 77（74.0%） | 268（97.8%） | 804（94.8%） |

　　在被猥褻或騷擾方面（表十三），一般組填選「是」的比率最高、在一成以上，其次為性侵害組、略低於一成，最少為非行組的 4.0%。次數分配的卡方檢定顯示 $.001 < p < 0.01$，表示三組中的比率雖不對稱，但較不明顯。

　　在性侵害方面（表十四），性侵害組填選「是」的比率最高、在三成以上，非行組和一般組的比率皆在 5% 以下。次數分配的卡方檢定顯示 $p < 0.001$，表示三組中的比率有顯著的不對稱現象。另外值得注意的是，即使是已被司法機關確立其犯行的性侵害組，填答「否」的比率仍在六成以上，可能顯示了否認心態的作用。

　　在被性侵害方面（表十五），三組填選「是」的比率都在 5% 以下。次數分配的卡方檢定顯示 $p > 0.01$，表示三組中的比率應沒有明顯的不對稱。

　　在性霸凌方面（表十六），性侵害組和非行組填選「是」的比率都大約在 8% 左右，而一般組的比率是少於 5%。次數分配的卡方檢定顯示 $p < 0.001$，表示三組中的比率有顯著的不對稱現象。

　　在被性霸凌方面（表十七），三組填選「是」的比率都在 5% 以下。次數分配的卡方檢定顯示 $p > 0.05$，表示三組中的比率沒有明顯的不對稱。

### 表十三　各組被猥褻或騷擾之人數

| | | 組別 | | |
| --- | --- | --- | --- | --- |
| | | 性侵害 | 非行 | 一般 |
| 被猥褻或騷擾 | 是 | 9（8.8%） | 11（4.0%） | 93（11.0%） |
| | 否 | 93（91.2%） | 263（96.0%） | 753（89.0%） |

### 表十四　各組性侵害之人數

| | | 組別 | | |
| --- | --- | --- | --- | --- |
| | | 性侵害 | 非行 | 一般 |
| 性侵害 | 是 | 35（34.0%） | 9（3.3%） | 9（1.1%） |
| | 否 | 68（66.0%） | 264（96.7%） | 839（98.9%） |

### 表十五　各組被性侵害之人數

| | | 組別 | | |
| --- | --- | --- | --- | --- |
| | | 性侵害 | 非行 | 一般 |
| 被性侵害 | 是 | 5（4.8%） | 2（0.7%） | 18（2.1%） |
| | 否 | 99（95.2%） | 272（99.3%） | 829（97.9%） |

### 表十六　各組性霸凌之人數

| | | 組別 | | |
| --- | --- | --- | --- | --- |
| | | 性侵害 | 非行 | 一般 |
| 性霸凌 | 是 | 8（7.8%） | 22（8.0%） | 22（2.6%） |
| | 否 | 95（92.2%） | 252（92.0%） | 826（97.4%） |

### 表十七　各組被性霸凌之人數

| | | 組別 | | |
| --- | --- | --- | --- | --- |
| | | 性侵害 | 非行 | 一般 |
| 被性霸凌 | 是 | 3（2.9%） | 11（4.0%） | 24（2.8%） |
| | 否 | 100（97.1%） | 263（96.0%） | 824（97.2%） |

　　各組的年齡、與主要照顧者的關係，和與同儕的關係，可求平均值與標準差，以及做單因子變異數分析，結果如表十八。由於在三個基本資料上的 F 值皆超過 .001 的顯著值，故進行 Scheffe 事後檢定以找出其關係。在年齡方面，一般組顯著地比性侵害組和非行組間都還要低。組間的年齡差異來源除了可能是收案方式所造成的結果外，也可能還包含了系統性誤差。性侵害組與非行組的青少年在 13 到 18 歲犯下案件後、到予以施測之前，中間可能經歷了犯行未暴露、逮捕、起訴、審理、判決、執行等程序，因此施測時間可能是在犯案時間後一段時間。而因為收案方式限制，資料中的年齡反映的是施測時年齡而非犯案時年齡，因此一定會比較大。而一般組的樣本沒有所謂的犯案年齡，故不會。

表十八　各組之年齡、與主要照顧者的關係，和與同儕的關係之描述統計值與 F 檢定

|  | 組別 | 平均值 | 標準差 | F 值 | 事後檢定 |
|---|---|---|---|---|---|
| 年齡 | 性侵害 | 17.03 | 1.80 | 98.76*** | 性侵害＞一般 |
|  | 非行 | 17.15 | 1.68 |  |  |
|  | 一般 | 15.68 | 1.74 |  | 非行＞一般 |
| 與主要照顧者的關係 | 性侵害 | 8.20 | 2.14 | 10.71*** | 一般＞非行 |
|  | 非行 | 7.65 | 2.38 |  |  |
|  | 一般 | 8.33 | 1.97 |  |  |
| 與同儕的關係 | 性侵害 | 7.84 | 2.11 | 8.93*** | 一般＞非行 |
|  | 非行 | 7.87 | 2.14 |  |  |
|  | 一般 | 8.38 | 1.84 |  |  |

*** $p < 0.001$

在與主要照顧者的關係方面，非行組顯著地比一般組分數還要低。在與同儕的關係方面，同樣是非行組顯著地比一般組還要低。

## 第四節　資料分析

以 SPSS 統計套裝軟體中所附之 T 檢定、ANOVA、項目分析、因素分析以及區辨分析對所蒐集到之資料進行組間得分差異性分析。

例如以獨立樣本 T 檢定檢驗基本資料（如性別）與 KSRS（2012）各分量尺間的關係；以 ANOVA、項目分析、因素分析等方式進行 KSRS-YV 的題目篩檢與建構；最後再將所建構的 KSRS-YV 進行信、效度之檢驗，如內部一致性、內容效度、區辨效度之檢驗。

研究結果

第四章

## 第一節　KSRS 各量尺分數與自我控制量表之信度

　　以全部樣本共 1,000 人以上，進行 KSRS 量表共二十五個量尺以及自我控制量表之總分的內部一致性分析。結果顯示，KSRS 的部分量尺內部一致性偏低，包括量尺十三、量尺十四與量尺十六等。而有較佳內部一致性信度的量尺則為量尺五、量尺八、神經質量尺、反社會人格量尺、反社會認知量尺、可信度量尺、低分項目量尺與自我控制總分等。詳細結果如表十九。

表十九 KSRS 二十五個量尺分數與自我控制量表之總分的內部一致性

| 量尺名稱 | 包含題目數 | Cronbach`s alpha |
|---|---|---|
| 量尺一 | 5 | 0.71 |
| 量尺二 | 9 | 0.75 |
| 量尺三 | 5 | 0.78 |
| 量尺四 | 5 | 0.78 |
| 量尺五 | 13 | 0.91 |
| 量尺六 | 5 | 0.65 |
| 量尺七 | 5 | 0.63 |
| 量尺八 | 9 | 0.83 |
| 量尺九 | 5 | 0.60 |
| 量尺十 | 8 | 0.71 |
| 量尺十一 | 5 | 0.71 |
| 量尺十二 | 6 | 0.66 |
| 量尺十三 | 5 | 0.53 |
| 量尺十四 | 5 | 0.40 |
| 量尺十五 | 4 | 0.63 |
| 量尺十六 | 5 | 0.54 |
| 量尺十七 | 8 | 0.72 |
| 正常量尺 | 9 | 0.79 |
| 神經質量尺 | 10 | 0.81 |
| 精神病質量尺 | 9 | 0.70 |
| 反社會人格量尺 | 8 | 0.84 |
| 反社會認知量尺 | 13 | 0.80 |
| 可信度量尺 | 6 | 0.80 |
| 低分項目量尺 | 51 | 0.90 |
| 高分項目量尺 | 27 | 0.78 |
| 自我控制總分 | 18 | 0.89 |

## 第二節　基本資料與 KSRS 各量尺分數與自我控制分數間的關係

　　基本資料中性別為二分變項，可進行獨立樣本 T 檢定，以檢視性別是否會造成 KSRS 各量尺分數與自我控制分數的差異（表二十）。但在前段中得知在性侵害組與非行組中的女性人數分別只有 2 人和 10 人，因此性別的差異檢定就只挑選一般組的樣本進行。全部二十六個量尺中有顯著性別差異的量尺共有二十個，其中男性分數顯著高於女性的為量尺一、量尺二、量尺四、量尺五、量尺六、量尺十、量尺十一、量尺十二、量尺十五、量尺十六、量尺十七、正常量尺、反社會人格量尺、反社會認知量尺、低分項目量尺與自我控制總分等，而女性顯著高於男性的則有量尺七、量尺九與量尺十三等。

表二十 KSRS 各量尺分數與自我控制分數在性別上的 T 檢定

| | 性別 | 樣本數 | 平均值 | 標準差 | t 值 |
|---|---|---|---|---|---|
| 量尺一 | 男 | 429 | 8.73 | 3.87 | 14.39*** |
| | 女 | 409 | 5.78 | 1.73 | |
| 量尺二 | 男 | 427 | 12.02 | 4.67 | 5.35*** |
| | 女 | 408 | 10.58 | 3.01 | |
| 量尺三 | 男 | 435 | 18.82 | 6.84 | 1.83 |
| | 女 | 414 | 17.97 | 6.77 | |
| 量尺四 | 男 | 435 | 6.24 | 2.26 | 3.79*** |
| | 女 | 415 | 5.73 | 1.60 | |
| 量尺五 | 男 | 435 | 30.01 | 13.44 | 17.53*** |
| | 女 | 415 | 17.39 | 6.52 | |
| 量尺六 | 男 | 435 | 11.25 | 4.84 | 3.44*** |
| | 女 | 414 | 10.16 | 4.43 | |
| 量尺七 | 男 | 427 | 24.84 | 5.04 | −7.28*** |
| | 女 | 406 | 27.14 | 4.03 | |
| 量尺八 | 男 | 428 | 38.67 | 9.92 | 0.42 |
| | 女 | 407 | 38.39 | 9.85 | |
| 量尺九 | 男 | 433 | 22.02 | 6.10 | −8.71*** |
| | 女 | 415 | 25.41 | 5.23 | |
| 量尺十 | 男 | 429 | 25.45 | 8.00 | 3.76*** |
| | 女 | 408 | 23.48 | 7.16 | |
| 量尺十一 | 男 | 434 | 6.91 | 3.15 | 8.51*** |
| | 女 | 415 | 5.46 | 1.56 | |
| 量尺十二 | 男 | 429 | 10.44 | 4.60 | 10.35*** |
| | 女 | 408 | 7.83 | 2.44 | |
| 量尺十三 | 男 | 429 | 23.26 | 5.30 | −3.77*** |
| | 女 | 408 | 24.58 | 4.82 | |
| 量尺十四 | 男 | 435 | 16.05 | 4.72 | 2.20 |
| | 女 | 415 | 15.33 | 4.78 | |
| 量尺十五 | 男 | 435 | 11.97 | 4.93 | 4.27*** |
| | 女 | 415 | 10.59 | 4.41 | |

表二十　KSRS 各量尺分數與自我控制分數在性別上的 T 檢定（續）

| | 性別 | 樣本數 | 平均值 | 標準差 | t 值 |
|---|---|---|---|---|---|
| 量尺十六 | 男 | 435 | 10.51 | 4.45 | 5.10*** |
| | 女 | 414 | 9.13 | 3.38 | |
| 量尺十七 | 男 | 435 | 11.71 | 4.64 | 9.29*** |
| | 女 | 415 | 9.32 | 2.62 | |
| 正常量尺 | 男 | 434 | 38.81 | 8.58 | 4.84*** |
| | 女 | 412 | 36.03 | 8.09 | |
| 神經質量尺 | 男 | 426 | 22.98 | 8.88 | −0.20 |
| | 女 | 407 | 23.10 | 9.05 | |
| 精神病質量尺 | 男 | 432 | 20.52 | 6.40 | 2.86** |
| | 女 | 414 | 19.32 | 5.83 | |
| 反社會人格量尺 | 男 | 427 | 12.27 | 5.19 | 7.26*** |
| | 女 | 406 | 10.04 | 3.57 | |
| 反社會認知量尺 | 男 | 435 | 23.04 | 8.86 | 7.21*** |
| | 女 | 413 | 19.25 | 6.33 | |
| 可信度量尺 | 男 | 428 | 30.69 | 6.23 | −1.65 |
| | 女 | 407 | 31.38 | 5.76 | |
| 低分項目量尺 | 男 | 430 | 121.41 | 31.15 | 10.82*** |
| | 女 | 408 | 101.67 | 20.90 | |
| 高分項目量尺 | 男 | 429 | 74.78 | 11.47 | 2.55 |
| | 女 | 409 | 72.82 | 10.78 | |
| 自我控制總分 | 男 | 427 | 44.89 | 17.05 | 5.12*** |
| | 女 | 406 | 39.32 | 14.27 | |

\*\* $p < 0.01$, \*\*\* $p < 0.001$

　　在有無性經驗與各量尺間關係方面（表二十一），有性經驗者分數較高的量尺為量尺一、量尺二、量尺四、量尺五、量尺十一、量尺十二、量尺十五、量尺十六、量尺十七、正常量尺、神經質量尺、精神病質量尺、反社會人格量尺、反社會認知量尺、低分項目量尺、高分項目量尺、自我控制總分。而有性經驗者分數顯著較低的量尺為量尺七與

量尺九。表二十一為各分數在性經驗上的差異檢定。

表二十一　KSRS 各量尺分數與自我控制分數在性經驗上的 T 檢定

| | 性經驗 | 樣本數 | 平均值 | 標準差 | t 值 |
|---|---|---|---|---|---|
| 量尺一 | 是 | 326 | 9.75 | 4.40 | 8.83*** |
| | 否 | 880 | 7.36 | 3.49 | |
| 量尺二 | 是 | 325 | 13.16 | 5.77 | 4.64*** |
| | 否 | 877 | 11.52 | 4.48 | |
| 量尺三 | 是 | 329 | 17.62 | 6.68 | −0.86 |
| | 否 | 892 | 18.00 | 6.88 | |
| 量尺四 | 是 | 329 | 13.02 | 6.74 | 18.14*** |
| | 否 | 893 | 6.14 | 2.29 | |
| 量尺五 | 是 | 329 | 36.66 | 14.06 | 14.83*** |
| | 否 | 893 | 23.70 | 12.04 | |
| 量尺六 | 是 | 328 | 10.89 | 4.89 | 0.98 |
| | 否 | 892 | 10.59 | 4.72 | |
| 量尺七 | 是 | 324 | 23.34 | 5.00 | −6.97*** |
| | 否 | 876 | 25.57 | 4.90 | |
| 量尺八 | 是 | 324 | 39.51 | 9.92 | 1.97 |
| | 否 | 878 | 38.22 | 10.14 | |
| 量尺九 | 是 | 329 | 21.86 | 5.66 | −4.51*** |
| | 否 | 891 | 23.56 | 5.92 | |
| 量尺十 | 是 | 324 | 25.24 | 7.57 | 2.22 |
| | 否 | 880 | 24.12 | 7.84 | |
| 量尺十一 | 是 | 329 | 7.24 | 3.38 | 4.97*** |
| | 否 | 892 | 6.21 | 2.67 | |
| 量尺十二 | 是 | 326 | 11.73 | 5.30 | 8.10*** |
| | 否 | 880 | 9.12 | 3.91 | |
| 量尺十三 | 是 | 326 | 23.32 | 5.06 | −0.93 |
| | 否 | 879 | 23.63 | 5.24 | |
| 量尺十四 | 是 | 329 | 16.05 | 4.54 | 1.85 |
| | 否 | 893 | 15.48 | 4.78 | |

表二十一　KSRS 各量尺分數與自我控制分數在性經驗上的 T 檢定（續）

| | 性經驗 | 樣本數 | 平均值 | 標準差 | t 值 |
|---|---|---|---|---|---|
| 量尺十五 | 是 | 329 | 12.33 | 4.92 | 4.22*** |
| | 否 | 893 | 11.03 | 4.72 | |
| 量尺十六 | 是 | 329 | 11.16 | 4.58 | 4.62*** |
| | 否 | 892 | 9.83 | 4.04 | |
| 量尺十七 | 是 | 329 | 14.36 | 5.77 | 10.80*** |
| | 否 | 893 | 10.61 | 4.12 | |
| 正常量尺 | 是 | 328 | 39.04 | 7.56 | 4.34*** |
| | 否 | 889 | 36.83 | 8.69 | |
| 神經質量尺 | 是 | 323 | 24.85 | 8.46 | 3.30*** |
| | 否 | 875 | 22.94 | 9.05 | |
| 精神病質量尺 | 是 | 329 | 21.72 | 6.83 | 4.20*** |
| | 否 | 889 | 19.90 | 6.33 | |
| 反社會人格量尺 | 是 | 323 | 23.12 | 9.39 | 20.21*** |
| | 否 | 876 | 11.87 | 5.68 | |
| 反社會認知量尺 | 是 | 329 | 25.76 | 9.15 | 7.80*** |
| | 否 | 890 | 21.29 | 8.17 | |
| 可信度量尺 | 是 | 324 | 30.67 | 6.07 | −0.38 |
| | 否 | 879 | 30.82 | 6.07 | |
| 低分項目量尺 | 是 | 326 | 127.10 | 33.46 | 7.93*** |
| | 否 | 881 | 110.54 | 28.53 | |
| 高分項目量尺 | 是 | 326 | 92.97 | 18.76 | 16.71*** |
| | 否 | 880 | 74.26 | 12.36 | |
| 自我控制總分 | 是 | 323 | 50.08 | 16.07 | 7.66*** |
| | 否 | 875 | 41.99 | 16.29 | |

*** $p < .001$

　　在有無騷擾或猥褻經驗與各量尺間關係方面（表二十二），有過騷擾或猥褻經驗者分數較高的量尺為量尺一、量尺五、量尺六、量尺十一、量尺十七、神經質量尺、精神病質量尺、反社會認知量尺、低分

項目量尺與自我控制總分。表二十二為各分數在騷擾或猥褻經驗上的差
異檢定。

表二十二　KSRS 各量尺分數與自我控制分數在騷擾或猥褻上的 T 檢定

| | 騷擾或猥褻 | 樣本數 | 平均值 | 標準差 | t 值 |
|---|---|---|---|---|---|
| 量尺一 | 是 | 76 | 9.55 | 4.90 | 2.86** |
| | 否 | 1,134 | 7.91 | 3.81 | |
| 量尺二 | 是 | 76 | 13.61 | 7.85 | 1.91 |
| | 否 | 1,129 | 11.86 | 4.64 | |
| 量尺三 | 是 | 77 | 16.74 | 6.69 | −1.58 |
| | 否 | 1,148 | 18.01 | 6.83 | |
| 量尺四 | 是 | 77 | 7.36 | 3.72 | −1.46 |
| | 否 | 1,149 | 8.02 | 5.09 | |
| 量尺五 | 是 | 77 | 32.61 | 14.99 | 3.54*** |
| | 否 | 1,149 | 26.86 | 13.72 | |
| 量尺六 | 是 | 77 | 12.30 | 5.22 | 3.10** |
| | 否 | 1,146 | 10.57 | 4.71 | |
| 量尺七 | 是 | 76 | 23.92 | 5.19 | −1.88 |
| | 否 | 1,127 | 25.03 | 5.00 | |
| 量尺八 | 是 | 76 | 39.36 | 9.52 | 0.68 |
| | 否 | 1,129 | 38.55 | 10.13 | |
| 量尺九 | 是 | 77 | 22.35 | 6.06 | −1.16 |
| | 否 | 1,147 | 23.15 | 5.88 | |
| 量尺十 | 是 | 76 | 24.21 | 7.26 | −0.27 |
| | 否 | 1,132 | 24.46 | 7.81 | |
| 量尺十一 | 是 | 77 | 8.10 | 4.45 | 3.35** |
| | 否 | 1,148 | 6.38 | 2.76 | |
| 量尺十二 | 是 | 76 | 11.13 | 5.85 | 2.03 |
| | 否 | 1,133 | 9.75 | 4.37 | |
| 量尺十三 | 是 | 76 | 22.78 | 5.16 | −1.35 |
| | 否 | 1,133 | 23.61 | 5.19 | |

表二十二　KSRS各量尺分數與自我控制分數在騷擾或猥褻上的T檢定（續）

| | 騷擾或猥褻 | 樣本數 | 平均值 | 標準差 | t 值 |
|---|---|---|---|---|---|
| 量尺十四 | 是 | 77 | 16.58 | 3.99 | 1.76 |
| | 否 | 1,149 | 15.60 | 4.78 | |
| 量尺十五 | 是 | 77 | 11.45 | 4.84 | 0.11 |
| | 否 | 1,149 | 11.39 | 4.80 | |
| 量尺十六 | 是 | 77 | 11.34 | 5.05 | 2.46 |
| | 否 | 1,148 | 10.12 | 4.16 | |
| 量尺十七 | 是 | 77 | 13.61 | 6.82 | 2.69** |
| | 否 | 1,149 | 11.49 | 4.74 | |
| 正常量尺 | 是 | 77 | 36.92 | 7.91 | −0.51 |
| | 否 | 1,144 | 37.43 | 8.47 | |
| 神經質量尺 | 是 | 76 | 26.53 | 9.66 | 3.09*** |
| | 否 | 1,125 | 23.27 | 8.86 | |
| 精神病質量尺 | 是 | 77 | 22.38 | 7.24 | 2.75** |
| | 否 | 1,145 | 20.27 | 6.46 | |
| 反社會人格量尺 | 是 | 76 | 16.68 | 8.50 | 1.91 |
| | 否 | 1,126 | 14.77 | 8.48 | |
| 反社會認知量尺 | 是 | 77 | 25.40 | 10.70 | 3.04** |
| | 否 | 1,146 | 22.30 | 8.49 | |
| 可信度量尺 | 是 | 76 | 30.72 | 6.33 | −0.07 |
| | 否 | 1,130 | 30.77 | 6.06 | |
| 低分項目量尺 | 是 | 76 | 125.11 | 38.25 | 2.92** |
| | 否 | 1,134 | 114.46 | 30.19 | |
| 高分項目量尺 | 是 | 76 | 82.00 | 15.76 | 1.46 |
| | 否 | 1,134 | 79.13 | 16.61 | |
| 自我控制總分 | 是 | 76 | 49.75 | 18.08 | 3.05** |
| | 否 | 1,125 | 43.76 | 16.43 | |

** $p < 0.01$, *** $p < 0.01$

　　在有無被騷擾或猥褻經驗與各量尺間關係方面，有過被騷擾或猥褻經驗者分數較高的量尺為量尺六、神經質量尺、精神病質量尺與自我控制總分；有過經驗者分數較低的量尺為量尺四。表二十三為各分數在被騷擾或被猥褻經驗上的差異檢定。

表二十三　KSRS 各量尺分數與自我控制分數在被騷擾或猥褻上的 T 檢定

| | 被騷擾或猥褻 | 樣本數 | 平均值 | 標準差 | t 值 |
|---|---|---|---|---|---|
| 量尺一 | 是 | 112 | 8.14 | 3.98 | 0.40 |
| | 否 | 1,094 | 7.99 | 3.90 | |
| 量尺二 | 是 | 112 | 12.52 | 5.95 | 1.25 |
| | 否 | 1,089 | 11.91 | 4.80 | |
| 量尺三 | 是 | 113 | 18.35 | 6.74 | 0.70 |
| | 否 | 1,108 | 17.88 | 6.84 | |
| 量尺四 | 是 | 113 | 7.07 | 3.51 | −2.75** |
| | 否 | 1,109 | 8.07 | 5.14 | |
| 量尺五 | 是 | 113 | 27.59 | 14.30 | 0.36 |
| | 否 | 1,109 | 27.11 | 13.80 | |
| 量尺六 | 是 | 113 | 12.11 | 4.60 | 3.37*** |
| | 否 | 1,106 | 10.53 | 4.75 | |
| 量尺七 | 是 | 112 | 25.45 | 4.60 | 1.05 |
| | 否 | 1,087 | 24.93 | 5.05 | |
| 量尺八 | 是 | 112 | 40.00 | 9.00 | 1.52 |
| | 否 | 1,089 | 38.49 | 10.15 | |
| 量尺九 | 是 | 113 | 22.93 | 5.87 | −0.40 |
| | 否 | 1,107 | 23.16 | 5.87 | |
| 量尺十 | 是 | 112 | 25.96 | 7.04 | 2.17 |
| | 否 | 1,092 | 24.28 | 7.83 | |
| 量尺十一 | 是 | 113 | 6.80 | 3.32 | 1.18 |
| | 否 | 1,108 | 6.45 | 2.88 | |
| 量尺十二 | 是 | 112 | 10.11 | 5.15 | 0.72 |
| | 否 | 1,093 | 9.79 | 4.41 | |

表二十三　KSRS各量尺分數與自我控制分數在被騷擾或猥褻上的T檢定（續）

| | 被騷擾或猥褻 | 樣本數 | 平均值 | 標準差 | t 值 |
|---|---|---|---|---|---|
| 量尺十三 | 是 | 112 | 23.22 | 4.98 | −0.72 |
| | 否 | 1,093 | 23.60 | 5.21 | |
| 量尺十四 | 是 | 113 | 15.97 | 4.61 | 0.74 |
| | 否 | 1,109 | 15.63 | 4.76 | |
| 量尺十五 | 是 | 113 | 11.56 | 4.45 | 0.37 |
| | 否 | 1,109 | 11.38 | 4.84 | |
| 量尺十六 | 是 | 113 | 11.03 | 4.61 | 2.22 |
| | 否 | 1,108 | 10.10 | 4.18 | |
| 量尺十七 | 是 | 113 | 12.31 | 5.86 | 1.58 |
| | 否 | 1,109 | 11.54 | 4.81 | |
| 正常量尺 | 是 | 111 | 37.53 | 8.80 | 0.12 |
| | 否 | 1,106 | 37.43 | 8.36 | |
| 神經質量尺 | 是 | 112 | 27.81 | 9.50 | 5.44*** |
| | 否 | 1,085 | 23.04 | 8.77 | |
| 精神病質量尺 | 是 | 113 | 22.37 | 6.46 | 3.37*** |
| | 否 | 1,105 | 20.21 | 6.50 | |
| 反社會人格量尺 | 是 | 112 | 14.13 | 7.18 | −1.17 |
| | 否 | 1,086 | 14.99 | 8.62 | |
| 反社會認知量尺 | 是 | 112 | 24.40 | 9.78 | 2.43 |
| | 否 | 1,107 | 22.32 | 8.55 | |
| 可信度量尺 | 是 | 112 | 30.26 | 6.49 | −0.94 |
| | 否 | 1,090 | 30.82 | 6.03 | |
| 低分項目量尺 | 是 | 112 | 119.30 | 31.97 | 1.53 |
| | 否 | 1,094 | 114.63 | 30.70 | |
| 高分項目量尺 | 是 | 112 | 79.05 | 14.08 | −0.19 |
| | 否 | 1,094 | 79.37 | 16.79 | |
| 自我控制總分 | 是 | 112 | 50.92 | 17.14 | 4.55*** |
| | 否 | 1,085 | 43.48 | 16.39 | |

** $p < 0.01$, *** $p < 0.01$

　　在有無性侵害經驗與各量尺間關係方面，有過性侵害經驗者分數較高的量尺為量尺五、量尺十一、量尺十七、反社會人格量尺、高分項目量尺；而有經驗者分數較低的量尺為量尺三與量尺七。表二十四為各分數在性侵害經驗上的差異檢定。

表二十四　KSRS 各量尺分數與自我控制分數在性侵害上的 T 檢定

| | 性侵害 | 樣本數 | 平均值 | 標準差 | t 值 |
|---|---|---|---|---|---|
| 量尺一 | 是 | 52 | 9.50 | 5.07 | 2.19 |
| | 否 | 1,156 | 7.94 | 3.83 | |
| 量尺二 | 是 | 52 | 14.63 | 9.22 | 2.16 |
| | 否 | 1,151 | 11.85 | 4.61 | |
| 量尺三 | 是 | 53 | 14.38 | 5.97 | −3.89*** |
| | 否 | 1,170 | 18.09 | 6.83 | |
| 量尺四 | 是 | 53 | 8.94 | 5.11 | 1.45 |
| | 否 | 1,171 | 7.92 | 4.99 | |
| 量尺五 | 是 | 53 | 32.38 | 13.20 | 2.80** |
| | 否 | 1,171 | 26.95 | 13.84 | |
| 量尺六 | 是 | 53 | 11.87 | 5.40 | 1.85 |
| | 否 | 1,168 | 10.63 | 4.73 | |
| 量尺七 | 是 | 52 | 22.81 | 5.45 | −3.19** |
| | 否 | 1,149 | 25.07 | 4.98 | |
| 量尺八 | 是 | 52 | 37.54 | 10.01 | −0.78 |
| | 否 | 1,151 | 38.66 | 10.08 | |
| 量尺九 | 是 | 53 | 21.64 | 5.78 | −1.86 |
| | 否 | 1,169 | 23.18 | 5.88 | |
| 量尺十 | 是 | 52 | 23.02 | 7.99 | −1.35 |
| | 否 | 1,154 | 24.51 | 7.76 | |
| 量尺十一 | 是 | 53 | 8.57 | 5.29 | 2.97** |
| | 否 | 1,170 | 6.40 | 2.73 | |
| 量尺十二 | 是 | 52 | 11.23 | 5.84 | 1.78 |
| | 否 | 1,155 | 9.77 | 4.41 | |

表二十四　KSRS 各量尺分數與自我控制分數在性侵害上的 T 檢定（續）

| | 性侵害 | 樣本數 | 平均值 | 標準差 | t 值 |
|---|---|---|---|---|---|
| 量尺十三 | 是 | 52 | 22.27 | 5.43 | −1.84 |
| | 否 | 1,155 | 23.62 | 5.17 | |
| 量尺十四 | 是 | 53 | 16.06 | 3.97 | 0.62 |
| | 否 | 1,171 | 15.64 | 4.78 | |
| 量尺十五 | 是 | 53 | 10.91 | 5.20 | −0.75 |
| | 否 | 1,171 | 11.41 | 4.79 | |
| 量尺十六 | 是 | 53 | 11.32 | 5.25 | 1.62 |
| | 否 | 1,170 | 10.14 | 4.18 | |
| 量尺十七 | 是 | 53 | 14.66 | 8.01 | 2.87** |
| | 否 | 1,171 | 11.48 | 4.69 | |
| 正常量尺 | 是 | 53 | 35.96 | 8.54 | −1.27 |
| | 否 | 1,166 | 37.47 | 8.43 | |
| 神經質量尺 | 是 | 52 | 25.98 | 9.39 | 2.06 |
| | 否 | 1,147 | 23.37 | 8.90 | |
| 精神病質量尺 | 是 | 53 | 21.92 | 8.08 | 1.72 |
| | 否 | 1,167 | 20.35 | 6.44 | |
| 反社會人格量尺 | 是 | 52 | 19.67 | 9.27 | 4.19*** |
| | 否 | 1,148 | 14.66 | 8.39 | |
| 反社會認知量尺 | 是 | 53 | 25.32 | 10.83 | 2.43 |
| | 否 | 1,168 | 22.37 | 8.56 | |
| 可信度量尺 | 是 | 52 | 30.71 | 6.11 | −0.09 |
| | 否 | 1,152 | 30.79 | 6.07 | |
| 低分項目量尺 | 是 | 52 | 120.19 | 42.37 | 0.89 |
| | 否 | 1,156 | 114.88 | 30.21 | |
| 高分項目量尺 | 是 | 52 | 85.40 | 16.30 | 2.73** |
| | 否 | 1,156 | 79.03 | 16.48 | |
| 自我控制總分 | 是 | 52 | 45.62 | 16.85 | 0.65 |
| | 否 | 1,147 | 44.09 | 16.58 | |

** $p < 0.01$, *** $p < 0.01$

　　在有無被性侵害經驗與各量尺間關係方面，統計結果顯示在所有量尺上都無顯著差異。表二十五為各分數在被性侵害經驗上的差異檢定。

### 表二十五　KSRS 各量尺分數與自我控制分數在被性侵害上的 T 檢定

| | 被性侵害 | 樣本數 | 平均值 | 標準差 | t 值 |
|---|---|---|---|---|---|
| 量尺一 | 是 | 24 | 9.00 | 4.93 | 1.25 |
| | 否 | 1,185 | 7.99 | 3.88 | |
| 量尺二 | 是 | 24 | 15.42 | 9.55 | 1.80 |
| | 否 | 1,180 | 11.89 | 4.76 | |
| 量尺三 | 是 | 25 | 16.96 | 7.21 | −0.72 |
| | 否 | 1,199 | 17.95 | 6.82 | |
| 量尺四 | 是 | 25 | 8.72 | 5.63 | 0.75 |
| | 否 | 1,200 | 7.96 | 5.00 | |
| 量尺五 | 是 | 25 | 31.20 | 14.47 | 1.45 |
| | 否 | 1,200 | 27.14 | 13.86 | |
| 量尺六 | 是 | 25 | 13.04 | 5.08 | 2.50 |
| | 否 | 1,197 | 10.63 | 4.75 | |
| 量尺七 | 是 | 24 | 24.21 | 4.86 | −0.77 |
| | 否 | 1,178 | 25.00 | 5.01 | |
| 量尺八 | 是 | 24 | 38.50 | 9.70 | −0.06 |
| | 否 | 1,180 | 38.63 | 10.09 | |
| 量尺九 | 是 | 25 | 21.84 | 5.98 | −1.10 |
| | 否 | 1,198 | 23.15 | 5.87 | |
| 量尺十 | 是 | 25 | 25.48 | 8.84 | 0.66 |
| | 否 | 1,182 | 24.44 | 7.74 | |
| 量尺十一 | 是 | 25 | 8.28 | 5.14 | 1.77 |
| | 否 | 1,199 | 6.46 | 2.85 | |
| 量尺十二 | 是 | 24 | 11.04 | 5.86 | 1.34 |
| | 否 | 1,184 | 9.81 | 4.45 | |
| 量尺十三 | 是 | 24 | 21.13 | 5.07 | −2.34 |
| | 否 | 1,184 | 23.62 | 5.18 | |

表二十五　KSRS各量尺分數與自我控制分數在被性侵害上的T檢定（續）

| | 被性侵害 | 樣本數 | 平均值 | 標準差 | t值 |
|---|---|---|---|---|---|
| 量尺十四 | 是 | 25 | 16.68 | 4.56 | 1.08 |
| | 否 | 1,200 | 15.65 | 4.74 | |
| 量尺十五 | 是 | 25 | 12.24 | 5.72 | 0.88 |
| | 否 | 1,200 | 11.38 | 4.78 | |
| 量尺十六 | 是 | 25 | 11.72 | 4.85 | 1.82 |
| | 否 | 1,199 | 10.17 | 4.22 | |
| 量尺十七 | 是 | 25 | 14.60 | 7.38 | 2.05 |
| | 否 | 1,200 | 11.56 | 4.84 | |
| 正常量尺 | 是 | 25 | 35.24 | 9.77 | $-1.31$ |
| | 否 | 1,195 | 37.46 | 8.39 | |
| 神經質量尺 | 是 | 24 | 26.58 | 7.67 | 1.72 |
| | 否 | 1,176 | 23.42 | 8.95 | |
| 精神病質量尺 | 是 | 25 | 22.96 | 8.04 | 1.97 |
| | 否 | 1,196 | 20.36 | 6.48 | |
| 反社會人格量尺 | 是 | 24 | 15.75 | 8.07 | 0.50 |
| | 否 | 1,177 | 14.87 | 8.50 | |
| 反社會認知量尺 | 是 | 24 | 26.04 | 11.37 | 2.02 |
| | 否 | 1,198 | 22.43 | 8.61 | |
| 可信度量尺 | 是 | 24 | 28.75 | 6.86 | $-1.66$ |
| | 否 | 1,181 | 30.83 | 6.05 | |
| 低分項目量尺 | 是 | 24 | 123.21 | 41.13 | 1.29 |
| | 否 | 1,185 | 115.01 | 30.58 | |
| 高分項目量尺 | 是 | 24 | 79.54 | 16.34 | 0.06 |
| | 否 | 1,185 | 79.35 | 16.54 | |
| 自我控制總分 | 是 | 24 | 49.92 | 18.45 | 1.71 |
| | 否 | 1,176 | 44.06 | 16.54 | |

** $p < 0.01$, *** $p < 0.01$

　　有過性霸凌經驗者分數較高的量尺為量尺一、量尺二、量尺四、量尺五、量尺六、量尺十一、量尺十二、量尺十六、量尺十七、神經質量

尺、精神病質量尺、反社會人格量尺、反社會認知量尺、低分項目量尺、高分項目量尺、與自我控制總分等，而分數較低的量尺為量尺七、量尺九與可信度量尺等。表二十六為各分數在性霸凌經驗上的差異檢定。

表二十六　KSRS 各量尺分數與自我控制分數在性霸凌上的 T 檢定

| | 性霸凌 | 樣本數 | 平均值 | 標準差 | t 值 |
|---|---|---|---|---|---|
| 量尺一 | 是 | 51 | 10.96 | 4.83 | 5.56*** |
| | 否 | 1,158 | 7.89 | 3.81 | |
| 量尺二 | 是 | 51 | 15.45 | 7.84 | 3.28** |
| | 否 | 1,153 | 11.82 | 4.70 | |
| 量尺三 | 是 | 52 | 17.02 | 6.45 | −1.00 |
| | 否 | 1,172 | 17.98 | 6.83 | |
| 量尺四 | 是 | 52 | 12.23 | 8.15 | 3.90*** |
| | 否 | 1,173 | 7.79 | 4.75 | |
| 量尺五 | 是 | 52 | 37.92 | 17.06 | 5.76*** |
| | 否 | 1,173 | 26.75 | 13.53 | |
| 量尺六 | 是 | 52 | 13.23 | 5.31 | 3.96*** |
| | 否 | 1,170 | 10.58 | 4.71 | |
| 量尺七 | 是 | 50 | 21.78 | 5.49 | −4.65*** |
| | 否 | 1,152 | 25.12 | 4.94 | |
| 量尺八 | 是 | 49 | 36.67 | 9.71 | −1.37 |
| | 否 | 1,155 | 38.69 | 10.08 | |
| 量尺九 | 是 | 52 | 20.56 | 5.87 | −3.22** |
| | 否 | 1,171 | 23.23 | 5.86 | |
| 量尺十 | 是 | 50 | 25.54 | 7.75 | 1.00 |
| | 否 | 1,157 | 24.41 | 7.76 | |
| 量尺十一 | 是 | 52 | 8.75 | 4.99 | 3.38** |
| | 否 | 1,172 | 6.39 | 2.75 | |
| 量尺十二 | 是 | 51 | 13.24 | 6.01 | 4.17*** |
| | 否 | 1,157 | 9.69 | 4.35 | |

表二十六　KSRS 各量尺分數與自我控制分數在性霸凌上的 T 檢定（續）

| | 性霸凌 | 樣本數 | 平均值 | 標準差 | t 值 |
|---|---|---|---|---|---|
| 量尺十三 | 是 | 51 | 22.06 | 5.15 | −2.12 |
| | 否 | 1,157 | 23.63 | 5.18 | |
| 量尺十四 | 是 | 52 | 14.94 | 4.58 | −1.12 |
| | 否 | 1,173 | 15.69 | 4.75 | |
| 量尺十五 | 是 | 52 | 11.69 | 4.76 | 0.44 |
| | 否 | 1,173 | 11.39 | 4.80 | |
| 量尺十六 | 是 | 52 | 13.21 | 5.23 | 5.30*** |
| | 否 | 1,172 | 10.07 | 4.13 | |
| 量尺十七 | 是 | 52 | 16.88 | 8.24 | 4.78*** |
| | 否 | 1,173 | 11.39 | 4.59 | |
| 正常量尺 | 是 | 51 | 37.90 | 8.39 | 0.42 |
| | 否 | 1,169 | 37.39 | 8.43 | |
| 神經質量尺 | 是 | 50 | 27.08 | 7.88 | 2.91** |
| | 否 | 1,150 | 23.33 | 8.95 | |
| 精神病質量尺 | 是 | 52 | 23.90 | 6.59 | 3.97*** |
| | 否 | 1,169 | 20.26 | 6.48 | |
| 反社會人格量尺 | 是 | 50 | 22.70 | 11.18 | 5.09*** |
| | 否 | 1,151 | 14.56 | 8.19 | |
| 反社會認知量尺 | 是 | 52 | 29.23 | 10.34 | 5.79*** |
| | 否 | 1,170 | 22.20 | 8.48 | |
| 可信度量尺 | 是 | 50 | 28.00 | 6.72 | −3.32*** |
| | 否 | 1,155 | 30.90 | 6.01 | |
| 低分項目量尺 | 是 | 51 | 133.27 | 41.78 | 3.19** |
| | 否 | 1,158 | 114.39 | 30.01 | |
| 高分項目量尺 | 是 | 51 | 89.90 | 21.42 | 3.63*** |
| | 否 | 1,158 | 78.88 | 16.15 | |
| 自我控制總分 | 是 | 49 | 54.08 | 20.57 | 4.29*** |
| | 否 | 1,151 | 43.77 | 16.28 | |

** $p < 0.01$, *** $p < 0.01$

　　有過被性霸凌經驗者分數較高的量尺為量尺一、量尺二、量尺四、量尺六、量尺十一、量尺十六、量尺十七、神經質量尺、精神病質量尺、高分項目量尺與自我控制總分等，而分數較低的量尺為量尺七與量尺十三等。表二十七為各分數在被性霸凌經驗上的差異檢定。

表二十七　KSRS 各量尺分數與自我控制分數在被性霸凌上的 T 檢定

| | 被性霸凌 | 樣本數 | 平均值 | 標準差 | t 值 |
|---|---|---|---|---|---|
| 量尺一 | 是 | 37 | 10.00 | 4.62 | 3.14** |
| | 否 | 1,172 | 7.96 | 3.87 | |
| 量尺二 | 是 | 37 | 16.11 | 8.73 | 2.96** |
| | 否 | 1,167 | 11.84 | 4.70 | |
| 量尺三 | 是 | 38 | 17.37 | 6.86 | −0.53 |
| | 否 | 1,186 | 17.96 | 6.82 | |
| 量尺四 | 是 | 38 | 10.05 | 6.60 | 2.59** |
| | 否 | 1,187 | 7.91 | 4.95 | |
| 量尺五 | 是 | 38 | 32.92 | 16.51 | 2.58 |
| | 否 | 1,187 | 27.04 | 13.75 | |
| 量尺六 | 是 | 38 | 13.29 | 4.75 | 3.43*** |
| | 否 | 1,184 | 10.61 | 4.74 | |
| 量尺七 | 是 | 36 | 22.56 | 5.48 | −2.96** |
| | 否 | 1,166 | 25.05 | 4.98 | |
| 量尺八 | 是 | 36 | 37.86 | 10.06 | −0.45 |
| | 否 | 1,168 | 38.63 | 10.08 | |
| 量尺九 | 是 | 38 | 21.55 | 6.40 | −1.67 |
| | 否 | 1,185 | 23.17 | 5.86 | |
| 量尺十 | 是 | 38 | 26.63 | 7.82 | 1.75 |
| | 否 | 1,169 | 24.39 | 7.75 | |
| 量尺十一 | 是 | 38 | 8.37 | 5.09 | 2.33 |
| | 否 | 1,186 | 6.43 | 2.81 | |
| 量尺十二 | 是 | 37 | 12.49 | 6.34 | 2.60 |
| | 否 | 1,171 | 9.75 | 4.39 | |

表二十七　KSRS各量尺分數與自我控制分數在被性霸凌上的T檢定（續）

| | 被性霸凌 | 樣本數 | 平均值 | 標準差 | t 值 |
|---|---|---|---|---|---|
| 量尺十三 | 是 | 37 | 21.41 | 6.04 | −2.58** |
| | 否 | 1,171 | 23.64 | 5.15 | |
| 量尺十四 | 是 | 38 | 15.66 | 4.58 | 0.00 |
| | 否 | 1,187 | 15.66 | 4.75 | |
| 量尺十五 | 是 | 38 | 12.79 | 5.14 | 1.81 |
| | 否 | 1,187 | 11.36 | 4.79 | |
| 量尺十六 | 是 | 38 | 12.66 | 5.45 | 3.65*** |
| | 否 | 1,186 | 10.12 | 4.17 | |
| 量尺十七 | 是 | 38 | 15.92 | 7.60 | 3.57*** |
| | 否 | 1,187 | 11.48 | 4.75 | |
| 正常量尺 | 是 | 37 | 37.49 | 8.76 | 0.05 |
| | 否 | 1,183 | 37.41 | 8.42 | |
| 神經質量尺 | 是 | 36 | 28.86 | 8.89 | 3.68*** |
| | 否 | 1,164 | 23.32 | 8.89 | |
| 精神病質量尺 | 是 | 38 | 25.16 | 9.02 | 4.59*** |
| | 否 | 1,183 | 20.26 | 6.37 | |
| 反社會人格量尺 | 是 | 36 | 20.00 | 11.78 | 2.66 |
| | 否 | 1,165 | 14.74 | 8.33 | |
| 反社會認知量尺 | 是 | 37 | 27.78 | 12.72 | 2.59 |
| | 否 | 1,185 | 22.34 | 8.48 | |
| 可信度量尺 | 是 | 37 | 28.84 | 6.95 | −1.98 |
| | 否 | 1,168 | 30.84 | 6.03 | |
| 低分項目量尺 | 是 | 37 | 131.84 | 42.61 | 2.43 |
| | 否 | 1,172 | 114.66 | 30.24 | |
| 高分項目量尺 | 是 | 37 | 86.30 | 18.57 | 2.60** |
| | 否 | 1,172 | 79.12 | 16.43 | |
| 自我控制總分 | 是 | 36 | 54.08 | 21.87 | 2.77** |
| | 否 | 1,164 | 43.88 | 16.32 | |

** $p < 0.01$, *** $p < 0.01$

　　基本資料中多組變項包括了家庭結構、父母關係、主要照顧者、主要照顧者的教養方式與家庭經濟狀況等五個變項，進行單因子變異數分析檢定，以檢視此些基本資料變項是否會造成 KSRS 各量尺分數與自我控制分數的差異。

　　在量尺一、量尺二、量尺三、量尺四、量尺五、量尺七、反社會人格量尺、高分項目量尺與自我控制總分中 F 值達顯著水準，顯示家庭結構的不同與這些量尺上的差異有關。事後檢定發現，和與父母同住的樣本相比，家中為單親的樣本有較高的量尺一、量尺二、量尺四、量尺五、反社會人格量尺、高分項目量尺、自我控制總分的分數，有較低的量尺三與量尺七分數。而單親樣本也與其他家庭結構類型樣本有些差異，包括較高的量尺二、量尺四、反社會人格量尺、高分項目量尺與自我控制總分分數，和較低的量尺七分數。與父母同住的樣本和家庭結構為其他的樣本間差異較少，僅有量尺三（與父母同住較高）、量尺四（其他較高），與反社會人格量尺（其他較高）。表二十八為各分數在家庭結構上的差異檢定結果。

表二十八　KSRS 各量尺分數與自我控制分數在家庭結構上的 ANOVA

| | 家庭結構 | 樣本數 | 平均值 | 標準差 | F 值 | 事後檢定 |
|---|---|---|---|---|---|---|
| 量尺一 | 與父母同住 | 684 | 7.69 | 3.61 | 6.82** | 單親 > 與父母同住 |
| | 單親 | 285 | 8.70 | 4.30 | | |
| | 其他 | 224 | 8.10 | 4.22 | | |
| 量尺二 | 與父母同住 | 684 | 11.63 | 4.42 | 9.25*** | 單親 > 與父母同住 |
| | 單親 | 280 | 13.07 | 6.34 | | |
| | 其他 | 224 | 11.63 | 4.24 | | 單親 > 其他 |

**表二十八　KSRS各量尺分數與自我控制分數在家庭結構上的ANOVA（續）**

| | 家庭結構 | 樣本數 | 平均值 | 標準差 | F 值 | 事後檢定 |
|---|---|---|---|---|---|---|
| 量尺三 | 與父母同住 | 692 | 18.65 | 6.75 | 9.76*** | 與父母同住 > 單親 |
| | 單親 | 286 | 17.29 | 6.79 | | |
| | 其他 | 230 | 16.58 | 6.88 | | 與父母同住 > 其他 |
| 量尺四 | 與父母同住 | 692 | 7.10 | 4.03 | 31.52*** | 單親 > 其他 |
| | 單親 | 287 | 9.79 | 6.03 | | 單親 > 與父母同住 |
| | 其他 | 230 | 8.40 | 5.67 | | 其他 > 與父母同住 |
| 量尺五 | 與父母同住 | 692 | 25.94 | 13.22 | 8.40*** | 單親 > 與父母同住 |
| | 單親 | 287 | 29.87 | 14.18 | | |
| | 其他 | 230 | 27.64 | 14.96 | | |
| 量尺六 | 與父母同住 | 692 | 10.60 | 4.63 | 0.32 | |
| | 單親 | 284 | 10.85 | 4.97 | | |
| | 其他 | 230 | 10.78 | 4.95 | | |
| 量尺七 | 與父母同住 | 680 | 25.20 | 5.04 | 6.19** | 其他 > 單親 |
| | 單親 | 283 | 24.11 | 4.93 | | |
| | 其他 | 223 | 25.50 | 4.86 | | 與父母同住 > 單親 |
| 量尺八 | 與父母同住 | 683 | 38.63 | 10.02 | 0.51 | |
| | 單親 | 283 | 39.17 | 10.14 | | |
| | 其他 | 222 | 38.29 | 10.15 | | |
| 量尺九 | 與父母同住 | 691 | 23.39 | 5.86 | 2.25 | |
| | 單親 | 287 | 22.53 | 5.87 | | |
| | 其他 | 229 | 22.98 | 5.97 | | |
| 量尺十 | 與父母同住 | 682 | 24.67 | 7.49 | 1.14 | |
| | 單親 | 285 | 24.48 | 8.30 | | |
| | 其他 | 224 | 23.77 | 7.95 | | |

表二十八　KSRS 各量尺分數與自我控制分數在家庭結構上的 ANOVA（續）

| | 家庭結構 | 樣本數 | 平均值 | 標準差 | F 值 | 事後檢定 |
|---|---|---|---|---|---|---|
| 量尺十一 | 與父母同住 | 691 | 6.41 | 2.83 | 1.59 | |
| | 單親 | 287 | 6.77 | 3.27 | | |
| | 其他 | 230 | 6.41 | 2.78 | | |
| 量尺十二 | 與父母同住 | 683 | 9.61 | 4.35 | 3.35 | |
| | 單親 | 285 | 10.44 | 5.00 | | |
| | 其他 | 224 | 9.84 | 4.32 | | |
| 量尺十三 | 與父母同住 | 683 | 23.80 | 5.16 | 2.06 | |
| | 單親 | 285 | 23.06 | 5.30 | | |
| | 其他 | 224 | 23.63 | 5.11 | | |
| 量尺十四 | 與父母同住 | 692 | 15.70 | 4.73 | 0.15 | |
| | 單親 | 287 | 15.57 | 4.68 | | |
| | 其他 | 230 | 15.80 | 4.76 | | |
| 量尺十五 | 與父母同住 | 692 | 11.24 | 4.61 | 0.93 | |
| | 單親 | 287 | 11.66 | 4.96 | | |
| | 其他 | 230 | 11.57 | 5.17 | | |
| 量尺十六 | 與父母同住 | 692 | 10.08 | 4.21 | 3.11 | |
| | 單親 | 287 | 10.66 | 4.42 | | |
| | 其他 | 229 | 9.78 | 4.00 | | |
| 量尺十七 | 與父母同住 | 692 | 11.33 | 4.70 | 4.17 | |
| | 單親 | 287 | 12.32 | 5.23 | | |
| | 其他 | 230 | 11.73 | 5.19 | | |
| 正常量尺 | 與父母同住 | 689 | 37.72 | 8.47 | 2.59 | |
| | 單親 | 286 | 36.53 | 8.44 | | |
| | 其他 | 229 | 38.04 | 8.21 | | |
| 神經質量尺 | 與父母同住 | 680 | 23.17 | 8.78 | 1.93 | |
| | 單親 | 282 | 24.39 | 9.13 | | |
| | 其他 | 222 | 23.32 | 9.12 | | |
| 精神病質量尺 | 與父母同住 | 690 | 20.23 | 6.08 | 0.73 | |
| | 單親 | 287 | 20.77 | 7.30 | | |
| | 其他 | 228 | 20.48 | 6.83 | | |

表二十八　KSRS各量尺分數與自我控制分數在家庭結構上的ANOVA（續）

| | 家庭結構 | 樣本數 | 平均值 | 標準差 | F值 | 事後檢定 |
|---|---|---|---|---|---|---|
| 反社會人格量尺 | 與父母同住 | 680 | 13.04 | 7.04 | 51.16*** | 單親＞其他 |
| | 單親 | 282 | 18.83 | 9.62 | | 單親＞與父母同住 |
| | 其他 | 223 | 15.60 | 9.22 | | 其他＞與父母同住 |
| 反社會認知量尺 | 與父母同住 | 691 | 22.18 | 8.51 | 2.79 | |
| | 單親 | 287 | 23.57 | 9.16 | | |
| | 其他 | 228 | 22.22 | 8.61 | | |
| 可信度量尺 | 與父母同住 | 683 | 30.78 | 6.18 | 0.58 | |
| | 單親 | 283 | 30.52 | 6.14 | | |
| | 其他 | 223 | 31.10 | 5.77 | | |
| 低分項目量尺 | 與父母同住 | 684 | 114.09 | 29.25 | 2.88 | |
| | 單親 | 285 | 119.02 | 33.82 | | |
| | 其他 | 224 | 113.75 | 31.64 | | |
| 高分項目量尺 | 與父母同住 | 683 | 77.19 | 14.42 | 19.11*** | 單親＞與父母同住 |
| | 單親 | 286 | 84.24 | 18.99 | | |
| | 其他 | 224 | 79.95 | 17.70 | | 單親＞其他 |
| 自我控制總分 | 與父母同住 | 681 | 42.94 | 16.14 | 7.60*** | 單親＞與父母同住 |
| | 單親 | 280 | 47.47 | 17.31 | | |
| | 其他 | 223 | 43.85 | 16.28 | | 單親＞其他 |

** $p < 0.01$, *** $p < 0.01$

　　在父母關係方面，量尺一、量尺二、量尺四、量尺五、量尺七、量尺十二、量尺十七、反社會人格量尺、反社會認知量尺、低分項目量尺、高分項目量尺與自我控制總分中F值達顯著水準，顯示父母關係的不同與這些量尺上的差異有關。事後檢定發現，和與親生父母健在的樣本相

比，父母離婚或有其他關係的樣本相似地都有較高的量尺一、量尺二、量尺四、量尺五、量尺十七、反社會人格量尺、高分項目量尺、自我控制總分的分數。其他父母關係的樣本額外地比親生父母健在的樣本有較高的量尺十二與反社會認知量尺分數。而父母離婚的樣本也額外地比親生父母健在的樣本有較低的量尺七分數。低分項目量尺雖在 F 值上超過顯著值，但事後檢定未發現有意義的結果。表二十九為各分數在父母關係上的差異檢定結果。

表二十九　KSRS 各量尺分數與自我控制分數在父母關係上的 ANOVA

| | 父母關係 | 樣本數 | 平均值 | 標準差 | F 值 | 事後檢定 |
|---|---|---|---|---|---|---|
| 量尺一 | 親生父母健在 | 817 | 7.66 | 3.58 | 10.95*** | 父母離婚 > 親生父母健在 |
| | 父母離婚 | 234 | 8.81 | 4.45 | | |
| | 其他 | 145 | 8.76 | 4.51 | | 其他 > 親生父母健在 |
| 量尺二 | 親生父母健在 | 816 | 11.44 | 4.13 | 13.42*** | 父母離婚 > 親生父母健在 |
| | 父母離婚 | 231 | 13.06 | 6.06 | | |
| | 其他 | 144 | 12.92 | 6.23 | | 其他 > 親生父母健在 |
| 量尺三 | 親生父母健在 | 828 | 18.22 | 6.85 | 3.01 | |
| | 父母離婚 | 235 | 17.13 | 6.61 | | |
| | 其他 | 148 | 17.27 | 7.08 | | |
| 量尺四 | 親生父母健在 | 828 | 7.14 | 4.13 | 39.89*** | 父母離婚 > 親生父母健在 |
| | 父母離婚 | 236 | 9.75 | 6.08 | | |
| | 其他 | 148 | 9.97 | 6.46 | | 其他 > 親生父母健在 |

表二十九　KSRS 各量尺分數與自我控制分數在父母關係上的 ANOVA（續）

| | 父母關係 | 樣本數 | 平均值 | 標準差 | F 值 | 事後檢定 |
|---|---|---|---|---|---|---|
| 量尺五 | 親生父母健在 | 828 | 26.05 | 13.56 | 10.37*** | 父母離婚 > 親生父母健在 |
| | 父母離婚 | 236 | 29.94 | 13.89 | | |
| | 其他 | 148 | 29.91 | 14.81 | | 其他 > 親生父母健在 |
| 量尺六 | 親生父母健在 | 828 | 10.51 | 4.54 | 1.37 | |
| | 父母離婚 | 234 | 10.81 | 4.97 | | |
| | 其他 | 147 | 11.18 | 5.53 | | |
| 量尺七 | 親生父母健在 | 811 | 25.49 | 4.87 | 15.46*** | 親生父母健在 > 父母離婚 |
| | 父母離婚 | 234 | 23.56 | 5.27 | | |
| | 其他 | 144 | 24.28 | 4.90 | | |
| 量尺八 | 親生父母健在 | 814 | 38.57 | 9.94 | 1.29 | |
| | 父母離婚 | 232 | 37.99 | 10.54 | | |
| | 其他 | 145 | 39.70 | 10.39 | | |
| 量尺九 | 親生父母健在 | 826 | 23.37 | 5.90 | 3.81 | |
| | 父母離婚 | 236 | 22.19 | 5.74 | | |
| | 其他 | 148 | 22.91 | 5.99 | | |
| 量尺十 | 親生父母健在 | 814 | 24.37 | 7.60 | 0.43 | |
| | 父母離婚 | 233 | 24.11 | 8.05 | | |
| | 其他 | 147 | 24.87 | 8.35 | | |
| 量尺十一 | 親生父母健在 | 827 | 6.32 | 2.68 | 3.56 | |
| | 父母離婚 | 236 | 6.74 | 3.14 | | |
| | 其他 | 148 | 6.87 | 3.52 | | |

表二十九 KSRS 各量尺分數與自我控制分數在父母關係上的 ANOVA（續）

| | 父母關係 | 樣本數 | 平均值 | 標準差 | F 值 | 事後檢定 |
|---|---|---|---|---|---|---|
| 量尺<br>十二 | 親生父母<br>健在 | 816 | 9.47 | 4.05 | 9.75*** | 其他＞親生父<br>母健在 |
| | 父母離婚 | 234 | 10.37 | 4.86 | | |
| | 其他 | 145 | 11.04 | 5.80 | | |
| 量尺<br>十三 | 親生父母<br>健在 | 816 | 23.83 | 5.12 | 3.71 | |
| | 父母離婚 | 234 | 23.17 | 5.26 | | |
| | 其他 | 145 | 22.72 | 5.37 | | |
| 量尺<br>十四 | 親生父母<br>健在 | 828 | 15.71 | 4.74 | 0.09 | |
| | 父母離婚 | 236 | 15.57 | 4.74 | | |
| | 其他 | 148 | 15.64 | 4.78 | | |
| 量尺<br>十五 | 親生父母<br>健在 | 828 | 11.21 | 4.76 | 2.60 | |
| | 父母離婚 | 236 | 11.47 | 4.79 | | |
| | 其他 | 148 | 12.18 | 5.07 | | |
| 量尺<br>十六 | 親生父母<br>健在 | 828 | 9.98 | 4.13 | 3.39 | |
| | 父母離婚 | 236 | 10.66 | 4.27 | | |
| | 其他 | 147 | 10.66 | 4.63 | | |
| 量尺<br>十七 | 親生父母<br>健在 | 828 | 11.18 | 4.50 | 11.25*** | 父母離婚＞親<br>生父母健在 |
| | 父母離婚 | 236 | 12.47 | 5.55 | | |
| | 其他 | 148 | 12.79 | 5.65 | | 其他＞親生父<br>母健在 |
| 正常<br>量尺 | 親生父母<br>健在 | 825 | 37.80 | 8.52 | 2.83 | |
| | 父母離婚 | 235 | 36.36 | 8.08 | | |
| | 其他 | 148 | 37.05 | 8.54 | | |

表二十九　KSRS 各量尺分數與自我控制分數在父母關係上的 ANOVA（續）

| | 父母關係 | 樣本數 | 平均值 | 標準差 | F 值 | 事後檢定 |
|---|---|---|---|---|---|---|
| 神經質量尺 | 親生父母健在 | 810 | 23.15 | 9.03 | 1.36 | |
| | 父母離婚 | 233 | 24.20 | 8.78 | | |
| | 其他 | 144 | 23.80 | 8.78 | | |
| 精神病質量尺 | 親生父母健在 | 824 | 20.26 | 6.24 | 0.80 | |
| | 父母離婚 | 236 | 20.87 | 6.88 | | |
| | 其他 | 148 | 20.43 | 7.39 | | |
| 反社會人格量尺 | 親生父母健在 | 810 | 13.09 | 7.19 | 63.60*** | 父母離婚 > 親生父母健在 |
| | 父母離婚 | 234 | 18.27 | 9.58 | | |
| | 其他 | 144 | 19.48 | 10.02 | | 其他 > 親生父母健在 |
| 反社會認知量尺 | 親生父母健在 | 827 | 21.85 | 8.09 | 7.00*** | 其他 > 親生父母健在 |
| | 父母離婚 | 236 | 23.47 | 9.43 | | |
| | 其他 | 146 | 24.27 | 9.93 | | |
| 可信度量尺 | 親生父母健在 | 815 | 31.00 | 5.98 | 1.42 | |
| | 父母離婚 | 233 | 30.35 | 6.31 | | |
| | 其他 | 144 | 30.37 | 6.12 | | |
| 低分項目量尺 | 親生父母健在 | 817 | 113.12 | 28.97 | 5.07** | 無 |
| | 父母離婚 | 234 | 118.58 | 32.95 | | |
| | 其他 | 145 | 120.06 | 36.56 | | |
| 高分項目量尺 | 親生父母健在 | 816 | 77.25 | 14.90 | 21.61*** | 父母離婚 > 親生父母健在 |
| | 父母離婚 | 235 | 83.24 | 18.97 | | |
| | 其他 | 145 | 84.83 | 19.17 | | 其他 > 親生父母健在 |

表二十九　KSRS 各量尺分數與自我控制分數在父母關係上的 ANOVA（續）

| 父母關係 | | 樣本數 | 平均值 | 標準差 | F 值 | 事後檢定 |
|---|---|---|---|---|---|---|
| 自我控制總分 | 親生父母健在 | 812 | 42.77 | 16.05 | 7.96*** | 父母離婚 > 親生父母健在 |
| | 父母離婚 | 231 | 46.52 | 16.74 | | |
| | 其他 | 144 | 47.38 | 18.48 | | 其他 > 親生父母健在 |

\*\* *p* < 0.01, \*\*\* *p* < 0.01

在主要照顧者方面在量尺一、量尺四、量尺五、量尺七、量尺十七、與反社會人格量尺中 F 值達顯著水準，顯示主要照顧者的不同與這些量尺上的差異有關。事後檢定發現，和主要照顧者為父母的樣本相比，主要由祖父母或其他人照顧的樣本相似地都有較高的量尺四與反社會人格量尺的分數。額外地，主要由父母照顧的樣本比由祖父母照顧的樣本有較高的量尺七分數。量尺一、量尺五與量尺十七雖在 F 值上超過顯著值，但事後檢定未發現有意義的結果。表三十為各分數在主要照顧者上的差異檢定結果。

表三十　KSRS 各量尺分數與自我控制分數在主要照顧者上的 ANOVA

| 主要照顧者 | | 樣本數 | 平均值 | 標準差 | F 值 | 事後檢定 |
|---|---|---|---|---|---|---|
| 量尺一 | 父母 | 1,056 | 7.91 | 3.80 | 5.10** | 無 |
| | 祖父母 | 98 | 8.62 | 4.60 | | |
| | 其他 | 46 | 9.54 | 4.53 | | |
| 量尺二 | 父母 | 1,052 | 11.87 | 4.95 | 1.16 | |
| | 祖父母 | 98 | 12.34 | 3.86 | | |
| | 其他 | 45 | 12.82 | 5.46 | | |
| 量尺三 | 父母 | 1,070 | 18.11 | 6.83 | 4.35 | |
| | 祖父母 | 99 | 16.08 | 6.41 | | |
| | 其他 | 47 | 17.11 | 7.20 | | |

表三十 KSRS 各量尺分數與自我控制分數在主要照顧者上的 ANOVA（續）

| | 主要照顧者 | 樣本數 | 平均值 | 標準差 | F 值 | 事後檢定 |
|---|---|---|---|---|---|---|
| 量尺四 | 父母 | 1,070 | 7.71 | 4.74 | 14.98*** | 祖父母 > 父母 |
| | 祖父母 | 99 | 9.66 | 5.88 | | |
| | 其他 | 47 | 10.83 | 7.46 | | 其他 > 父母 |
| 量尺五 | 父母 | 1,070 | 26.87 | 13.67 | 4.75** | 無 |
| | 祖父母 | 99 | 29.44 | 14.87 | | |
| | 其他 | 47 | 32.30 | 15.96 | | |
| 量尺六 | 父母 | 1,068 | 10.64 | 4.72 | 0.28 | |
| | 祖父母 | 99 | 10.99 | 4.72 | | |
| | 其他 | 46 | 10.85 | 5.94 | | |
| 量尺七 | 父母 | 1,051 | 25.23 | 4.95 | 8.78*** | 父母 > 祖父母 |
| | 祖父母 | 97 | 23.39 | 5.26 | | |
| | 其他 | 45 | 23.33 | 4.44 | | |
| 量尺八 | 父母 | 1,053 | 38.87 | 9.98 | 3.74 | |
| | 祖父母 | 98 | 35.99 | 10.57 | | |
| | 其他 | 44 | 38.07 | 10.93 | | |
| 量尺九 | 父母 | 1,068 | 23.26 | 5.87 | 3.05 | |
| | 祖父母 | 99 | 21.83 | 6.02 | | |
| | 其他 | 47 | 22.38 | 5.87 | | |
| 量尺十 | 父母 | 1,054 | 24.66 | 7.76 | 3.86 | |
| | 祖父母 | 98 | 22.39 | 7.31 | | |
| | 其他 | 46 | 24.48 | 8.48 | | |
| 量尺十一 | 父母 | 1,069 | 6.51 | 2.99 | 0.48 | |
| | 祖父母 | 99 | 6.25 | 2.15 | | |
| | 其他 | 47 | 6.70 | 2.95 | | |
| 量尺十二 | 父母 | 1,056 | 9.78 | 4.47 | 0.54 | |
| | 祖父母 | 98 | 10.14 | 4.12 | | |
| | 其他 | 45 | 10.29 | 4.68 | | |

表三十　KSRS 各量尺分數與自我控制分數在主要照顧者上的 ANOVA（續）

| | 主要照顧者 | 樣本數 | 平均值 | 標準差 | F 值 | 事後檢定 |
|---|---|---|---|---|---|---|
| 量尺十三 | 父母 | 1,055 | 23.70 | 5.19 | 2.31 | |
| | 祖父母 | 98 | 22.66 | 5.08 | | |
| | 其他 | 46 | 22.83 | 5.26 | | |
| 量尺十四 | 父母 | 1,070 | 15.69 | 4.74 | 1.03 | |
| | 祖父母 | 99 | 15.12 | 4.17 | | |
| | 其他 | 47 | 16.26 | 5.78 | | |
| 量尺十五 | 父母 | 1,070 | 11.44 | 4.81 | 1.62 | |
| | 祖父母 | 99 | 10.69 | 4.39 | | |
| | 其他 | 47 | 12.09 | 5.18 | | |
| 量尺十六 | 父母 | 1,070 | 10.13 | 4.24 | 0.53 | |
| | 祖父母 | 99 | 10.51 | 4.27 | | |
| | 其他 | 46 | 10.54 | 3.85 | | |
| 量尺十七 | 父母 | 1,070 | 11.48 | 4.84 | 5.31** | 無 |
| | 祖父母 | 99 | 12.58 | 4.85 | | |
| | 其他 | 47 | 13.38 | 6.40 | | |
| 正常量尺 | 父母 | 1,066 | 37.65 | 8.35 | 2.69 | |
| | 祖父母 | 99 | 35.62 | 8.93 | | |
| | 其他 | 47 | 37.06 | 9.11 | | |
| 神經質量尺 | 父母 | 1,048 | 23.42 | 8.96 | 0.24 | |
| | 祖父母 | 98 | 23.73 | 9.20 | | |
| | 其他 | 45 | 24.27 | 8.66 | | |
| 精神病質量尺 | 父母 | 1,066 | 20.43 | 6.53 | 0.05 | |
| | 祖父母 | 99 | 20.36 | 6.47 | | |
| | 其他 | 47 | 20.13 | 6.70 | | |
| 反社會人格量尺 | 父母 | 1,050 | 14.38 | 8.17 | 17.51*** | 祖父母 > 父母 |
| | 祖父母 | 97 | 17.68 | 9.63 | | |
| | 其他 | 45 | 20.53 | 10.35 | | 其他 > 父母 |

表三十　KSRS 各量尺分數與自我控制分數在主要照顧者上的 ANOVA（續）

| | 主要照顧者 | 樣本數 | 平均值 | 標準差 | F 值 | 事後檢定 |
|---|---|---|---|---|---|---|
| 反社會認知量尺 | 父母 | 1,068 | 22.39 | 8.72 | 0.62 | |
| | 祖父母 | 99 | 23.12 | 8.23 | | |
| | 其他 | 46 | 23.46 | 9.07 | | |
| 可信度量尺 | 父母 | 1,053 | 31.00 | 5.99 | 4.11 | |
| | 祖父母 | 98 | 29.90 | 6.59 | | |
| | 其他 | 45 | 28.80 | 6.22 | | |
| 低分項目量尺 | 父母 | 1,057 | 115.06 | 30.81 | 0.88 | |
| | 祖父母 | 98 | 113.94 | 29.72 | | |
| | 其他 | 45 | 120.98 | 34.23 | | |
| 高分項目量尺 | 父母 | 1,056 | 78.97 | 15.94 | 4.28 | |
| | 祖父母 | 98 | 80.81 | 19.63 | | |
| | 其他 | 46 | 85.91 | 22.20 | | |
| 自我控制總分 | 父母 | 1,050 | 43.71 | 16.41 | 3.28 | |
| | 祖父母 | 96 | 47.04 | 16.93 | | |
| | 其他 | 45 | 48.33 | 18.94 | | |

** $p < 0.01$, *** $p < 0.01$

　　在檢驗教養方式與各量尺分數的關係之前，所有樣本中勾選「混亂」教養風格的人數僅有 26 人，而且初步檢驗的結果發現這些樣本和勾選其他教養風格的樣本之間並無有意義的差異，因此後續的部分僅針對勾選「開明」、「專制」、「放任」的樣本進行分析。綜合而言，與開明或專制教養風格的樣本相比，放任的量尺四、反社會人格量尺、反社會認知量尺、低分項目量尺、高分項目量尺與自我控制總分的分數都較高。放任若單獨與開明做比較，則額外有較高的量尺一、量尺二、量尺六、量尺十二與量尺十七分數，以及較低的量尺七、量尺九與量尺十三分數。而放任單獨和專制做比較，則額外地有較高的量尺十四分數。開明教養風格與專制教養風格之間的樣本也有差異存在，包括量尺二（專制較高）、量尺七（開明較高）、量尺八（開明較高）、量尺十五（開明較高）、

正常量尺（開明較高），與精神病質量尺（專制較高）。表三十一為各分數在主要照顧者的教養方式上的差異檢定結果。

表三十一　KSRS 各量尺分數與自我控制分數在教養方式上的 ANOVA

| | 教養方式 | 樣本數 | 平均值 | 標準差 | F 值 | 事後檢定 |
|---|---|---|---|---|---|---|
| | 開明 | 887 | 7.86 | 3.68 | 5.87** | 放任 > 開明 |
| 量尺一 | 專制 | 207 | 8.24 | 4.23 | | |
| | 放任 | 67 | 9.48 | 4.77 | | |
| | 開明 | 884 | 11.57 | 4.24 | 15.06*** | 專制 > 開明 |
| 量尺二 | 專制 | 206 | 12.83 | 6.23 | | |
| | 放任 | 66 | 14.48 | 7.32 | | 放任 > 開明 |
| | 開明 | 893 | 18.20 | 6.88 | 2.82 | |
| 量尺三 | 專制 | 212 | 16.97 | 6.60 | | |
| | 放任 | 71 | 17.72 | 6.70 | | |
| | 開明 | 894 | 7.70 | 4.77 | 21.26*** | 放任 > 開明 |
| 量尺四 | 專制 | 212 | 8.10 | 4.84 | | |
| | 放任 | 71 | 11.69 | 7.29 | | 放任 > 專制 |
| | 開明 | 894 | 27.13 | 14.03 | 3.32 | |
| 量尺五 | 專制 | 212 | 26.76 | 13.37 | | |
| | 放任 | 71 | 31.41 | 13.92 | | |
| | 開明 | 893 | 10.52 | 4.68 | 5.39** | 放任 > 開明 |
| 量尺六 | 專制 | 210 | 11.10 | 4.96 | | |
| | 放任 | 71 | 12.31 | 5.10 | | |
| | 開明 | 883 | 25.47 | 4.80 | 18.89*** | 開明 > 專制 |
| 量尺七 | 專制 | 204 | 23.56 | 5.21 | | |
| | 放任 | 68 | 22.93 | 5.31 | | 開明 > 放任 |
| | 開明 | 884 | 39.18 | 9.74 | 5.14** | 開明 > 專制 |
| 量尺八 | 專制 | 205 | 36.74 | 10.64 | | |
| | 放任 | 68 | 38.09 | 10.45 | | |
| | 開明 | 892 | 23.37 | 5.77 | 5.24** | 開明 > 放任 |
| 量尺九 | 專制 | 212 | 22.88 | 5.85 | | |
| | 放任 | 71 | 21.11 | 6.16 | | |

表三十一　　KSRS 各量尺分數與自我控制分數在教養方式上的 ANOVA（續）

| | 教養方式 | 樣本數 | 平均值 | 標準差 | F 值 | 事後檢定 |
|---|---|---|---|---|---|---|
| 量尺十 | 開明 | 886 | 24.78 | 7.72 | 4.59 | |
| | 專制 | 204 | 23.20 | 7.46 | | |
| | 放任 | 69 | 25.90 | 8.10 | | |
| 量尺十一 | 開明 | 893 | 6.34 | 2.60 | 6.39** | 無 |
| | 專制 | 212 | 6.98 | 3.84 | | |
| | 放任 | 71 | 7.23 | 3.74 | | |
| 量尺十二 | 開明 | 886 | 9.71 | 4.25 | 6.95*** | 放任＞開明 |
| | 專制 | 206 | 9.99 | 4.95 | | |
| | 放任 | 68 | 11.81 | 5.87 | | |
| 量尺十三 | 開明 | 886 | 23.85 | 5.01 | 6.94** | 開明＞放任 |
| | 專制 | 207 | 23.10 | 5.23 | | |
| | 放任 | 67 | 21.66 | 5.54 | | |
| 量尺十四 | 開明 | 894 | 15.76 | 4.67 | 6.94** | 放任＞專制 |
| | 專制 | 212 | 14.79 | 4.67 | | |
| | 放任 | 71 | 17.03 | 4.60 | | |
| 量尺十五 | 開明 | 894 | 11.58 | 4.71 | 7.92*** | 開明＞專制 |
| | 專制 | 212 | 10.33 | 4.71 | | |
| | 放任 | 71 | 12.46 | 5.14 | | 放任＞專制 |
| 量尺十六 | 開明 | 893 | 10.00 | 4.12 | 5.90** | 無 |
| | 專制 | 212 | 10.89 | 4.45 | | |
| | 放任 | 71 | 11.23 | 4.91 | | |
| 量尺十七 | 開明 | 894 | 11.32 | 4.61 | 10.94*** | 放任＞開明 |
| | 專制 | 212 | 12.25 | 5.81 | | |
| | 放任 | 71 | 13.89 | 5.54 | | |
| 正常量尺 | 開明 | 893 | 38.06 | 8.20 | 6.98*** | 開明＞專制 |
| | 專制 | 209 | 35.87 | 8.69 | | |
| | 放任 | 71 | 36.13 | 8.75 | | |
| 神經質量尺 | 開明 | 881 | 23.16 | 8.70 | 4.29 | |
| | 專制 | 205 | 24.30 | 9.25 | | |
| | 放任 | 67 | 26.04 | 9.23 | | |

表三十一　KSRS各量尺分數與自我控制分數在教養方式上的ANOVA（續）

| | 教養方式 | 樣本數 | 平均值 | 標準差 | F值 | 事後檢定 |
|---|---|---|---|---|---|---|
| 精神病質量尺 | 開明 | 893 | 19.97 | 6.14 | 13.97*** | 專制 > 開明 |
| | 專制 | 209 | 21.57 | 7.07 | | |
| | 放任 | 71 | 23.51 | 7.02 | | 放任 > 開明 |
| 反社會人格量尺 | 開明 | 882 | 14.36 | 8.18 | 19.96*** | 放任 > 開明 |
| | 專制 | 204 | 15.22 | 8.43 | | |
| | 放任 | 68 | 20.94 | 9.57 | | 放任 > 專制 |
| 反社會認知量尺 | 開明 | 892 | 21.97 | 8.04 | 16.13*** | 放任 > 開明 |
| | 專制 | 212 | 23.08 | 9.88 | | |
| | 放任 | 70 | 27.84 | 9.39 | | 放任 > 專制 |
| 可信度量尺 | 開明 | 887 | 31.07 | 5.95 | 3.96 | |
| | 專制 | 203 | 29.93 | 6.27 | | |
| | 放任 | 68 | 29.76 | 6.50 | | |
| 低分項目量尺 | 開明 | 887 | 115.09 | 29.64 | 8.01*** | 放任 > 開明 |
| | 專制 | 206 | 112.40 | 33.71 | | |
| | 放任 | 68 | 129.21 | 31.23 | | 放任 > 專制 |
| 高分項目量尺 | 開明 | 887 | 78.95 | 15.94 | 9.93*** | 放任 > 開明 |
| | 專制 | 206 | 79.21 | 17.04 | | |
| | 放任 | 68 | 88.12 | 19.76 | | 放任 > 專制 |
| 自我控制總分 | 開明 | 883 | 43.91 | 16.39 | 10.70*** | 放任 > 開明 |
| | 專制 | 204 | 42.72 | 15.78 | | |
| | 放任 | 66 | 53.05 | 16.53 | | 放任 > 專制 |

** $p < 0.01$, *** $p < 0.01$

　　在檢驗家庭經濟狀況與各量尺分數的關係之前，同樣發現所有樣本中勾選「富有」的人數僅有 14 人，無法滿足 ANOVA 的前提人數要求，因此後續的部分僅針對勾選「小康」、「勉強」、「貧乏」的樣本進行分析。綜合而言，與家庭經濟勉強或貧乏的樣本相比，小康的可信度量尺的分數較高，神經質量尺、反社會人格與自我控制總分的分數較低。小康若單獨與貧乏做比較，則額外有較低的量尺一、量尺二、量尺五、

量尺十一、量尺十二、量尺十七與反社會認知量尺分數，以及較高的量尺七與量尺十三分數。而小康單獨和勉強做比較，則額外地有較低的量尺四與高分項目量尺分數。家庭經濟勉強與貧乏之間的樣本也有差異存在，包括量尺十二（貧乏較高）與量尺十三（勉強較高）。表三十二為各分數在家庭經濟狀況上的差異檢定結果。

表三十二　KSRS 各量尺分數與自我控制分數在家庭經濟狀況上的 ANOVA

|  | 家庭經濟狀況 | 樣本數 | 平均值 | 標準差 | F 值 | 事後檢定 |
|---|---|---|---|---|---|---|
| 量尺一 | 小康 | 544 | 7.68 | 3.67 | 6.80** | 貧乏 > 小康 |
|  | 勉強 | 574 | 8.14 | 3.93 |  |  |
|  | 貧乏 | 74 | 9.36 | 4.84 |  |  |
| 量尺二 | 小康 | 543 | 11.61 | 4.50 | 6.55** | 貧乏 > 小康 |
|  | 勉強 | 571 | 12.04 | 4.88 |  |  |
|  | 貧乏 | 73 | 13.78 | 7.08 |  |  |
| 量尺三 | 小康 | 551 | 18.21 | 6.96 | 3.56 |  |
|  | 勉強 | 580 | 17.86 | 6.74 |  |  |
|  | 貧乏 | 76 | 15.99 | 6.29 |  |  |
| 量尺四 | 小康 | 551 | 7.44 | 4.60 | 7.05*** | 勉強 > 小康 |
|  | 勉強 | 581 | 8.37 | 5.31 |  |  |
|  | 貧乏 | 76 | 9.16 | 5.76 |  |  |
| 量尺五 | 小康 | 551 | 26.18 | 13.50 | 5.21** | 貧乏 > 小康 |
|  | 勉強 | 581 | 27.59 | 13.78 |  |  |
|  | 貧乏 | 76 | 31.37 | 15.73 |  |  |
| 量尺六 | 小康 | 551 | 10.31 | 4.50 | 4.53 |  |
|  | 勉強 | 580 | 10.83 | 4.85 |  |  |
|  | 貧乏 | 74 | 11.92 | 5.54 |  |  |
| 量尺七 | 小康 | 540 | 25.51 | 4.96 | 9.66*** | 小康 > 貧乏 |
|  | 勉強 | 572 | 24.76 | 4.95 |  |  |
|  | 貧乏 | 73 | 22.96 | 5.11 |  |  |

表三十二 KSRS各量尺分數與自我控制分數在家庭經濟狀況上的ANOVA（續）

| | 家庭經濟狀況 | 樣本數 | 平均值 | 標準差 | F 值 | 事後檢定 |
|---|---|---|---|---|---|---|
| 量尺八 | 小康 | 542 | 38.50 | 10.21 | 1.63 | |
| | 勉強 | 572 | 39.02 | 9.89 | | |
| | 貧乏 | 73 | 36.84 | 10.14 | | |
| 量尺九 | 小康 | 551 | 23.40 | 5.84 | 4.25 | |
| | 勉強 | 580 | 23.06 | 5.83 | | |
| | 貧乏 | 75 | 21.31 | 6.48 | | |
| 量尺十 | 小康 | 543 | 24.45 | 7.89 | 0.17 | |
| | 勉強 | 572 | 24.41 | 7.73 | | |
| | 貧乏 | 75 | 23.89 | 7.40 | | |
| 量尺十一 | 小康 | 550 | 6.24 | 2.59 | 6.69** | 貧乏＞小康 |
| | 勉強 | 581 | 6.57 | 2.96 | | |
| | 貧乏 | 76 | 7.47 | 4.22 | | |
| 量尺十二 | 小康 | 543 | 9.49 | 4.25 | 8.22*** | 貧乏＞小康 |
| | 勉強 | 575 | 9.88 | 4.34 | | |
| | 貧乏 | 73 | 11.73 | 6.32 | | 貧乏＞勉強 |
| 量尺十三 | 小康 | 544 | 23.83 | 5.13 | 7.11*** | 小康＞貧乏 |
| | 勉強 | 573 | 23.58 | 5.15 | | |
| | 貧乏 | 74 | 21.42 | 5.37 | | 勉強＞貧乏 |
| 量尺十四 | 小康 | 551 | 15.42 | 4.85 | 1.95 | |
| | 勉強 | 581 | 15.91 | 4.51 | | |
| | 貧乏 | 76 | 15.13 | 5.37 | | |
| 量尺十五 | 小康 | 551 | 11.27 | 4.86 | 0.41 | |
| | 勉強 | 581 | 11.50 | 4.76 | | |
| | 貧乏 | 76 | 11.64 | 4.87 | | |
| 量尺十六 | 小康 | 551 | 10.02 | 4.16 | 2.00 | |
| | 勉強 | 580 | 10.24 | 4.16 | | |
| | 貧乏 | 76 | 11.04 | 5.05 | | |

表三十二　KSRS各量尺分數與自我控制分數在家庭經濟狀況上的ANOVA（續）

| | 家庭經濟狀況 | 樣本數 | 平均值 | 標準差 | F 值 | 事後檢定 |
|---|---|---|---|---|---|---|
| 量尺十七 | 小康 | 551 | 11.16 | 4.59 | 8.07*** | 貧乏 > 小康 |
| | 勉強 | 581 | 11.77 | 4.90 | | |
| | 貧乏 | 76 | 13.45 | 6.29 | | |
| 正常量尺 | 小康 | 550 | 38.13 | 8.50 | 4.49 | |
| | 勉強 | 578 | 36.77 | 8.19 | | |
| | 貧乏 | 76 | 36.21 | 8.85 | | |
| 神經質量尺 | 小康 | 538 | 22.40 | 8.81 | 8.99*** | 貧乏 > 小康 |
| | 勉強 | 573 | 24.31 | 9.05 | | |
| | 貧乏 | 72 | 25.86 | 8.55 | | 勉強 > 小康 |
| 精神病質量尺 | 小康 | 550 | 19.86 | 6.28 | 4.85** | |
| | 勉強 | 578 | 20.86 | 6.55 | | |
| | 貧乏 | 76 | 21.72 | 7.91 | | |
| 反社會人格量尺 | 小康 | 539 | 13.65 | 7.88 | 13.42*** | 貧乏 > 小康 |
| | 勉強 | 572 | 15.69 | 8.83 | | |
| | 貧乏 | 73 | 17.97 | 8.77 | | 勉強 > 小康 |
| 反社會認知量尺 | 小康 | 550 | 21.69 | 8.32 | 7.66*** | 貧乏 > 小康 |
| | 勉強 | 580 | 22.89 | 8.67 | | |
| | 貧乏 | 75 | 25.53 | 10.46 | | |
| 可信度量尺 | 小康 | 541 | 31.46 | 5.81 | 7.64*** | 小康 > 勉強 |
| | 勉強 | 574 | 30.33 | 6.08 | | |
| | 貧乏 | 73 | 29.18 | 6.82 | | 小康 > 貧乏 |
| 低分項目量尺 | 小康 | 544 | 112.95 | 29.53 | 3.64 | |
| | 勉強 | 575 | 115.99 | 30.36 | | |
| | 貧乏 | 73 | 122.41 | 40.68 | | |
| 高分項目量尺 | 小康 | 544 | 77.53 | 15.75 | 6.31** | 勉強 > 小康 |
| | 勉強 | 574 | 80.80 | 17.07 | | |
| | 貧乏 | 74 | 81.80 | 17.85 | | |

表三十二 KSRS各量尺分數與自我控制分數在家庭經濟狀況上的ANOVA（續）

| | 家庭經濟狀況 | 樣本數 | 平均值 | 標準差 | F 值 | 事後檢定 |
|---|---|---|---|---|---|---|
| 自我控制總分 | 小康 | 538 | 42.17 | 16.23 | 10.10*** | 貧乏＞小康 |
| | 勉強 | 572 | 45.53 | 16.45 | | |
| | 貧乏 | 73 | 49.77 | 18.37 | | 勉強＞小康 |

** $p < 0.01$, *** $p < 0.01$

　　基本資料中連續變項包括了年齡、與主要照顧者的關係，以及與同儕的關係等三個變項，計算此三個基本變項與 KSRS 各量尺分數和自我控制量表總分間的相關係數，以檢視之間的關係。根據結果，與年齡、與主要照顧者的關係、與同儕的關係三者有關的變項雖然多，但大多未超過 0.30，只有輕度相關而已。年齡與量尺四、量尺五、反社會人格量尺、低分項目量尺與高分項目量尺之間的相關值略高於 0.30，為中度正相關，顯示年齡較大的樣本其上述量尺的分數也會較大。表三十三為相關係數表。

表三十三    年齡、與主要照顧者的關係、與同儕的關係和各量尺分數間的相關

|  | 年齡 | 與主要照顧者的關係 | 與同儕的關係 |
|---|---|---|---|
| 量尺一 | 0.23*** | −0.12*** | −0.13*** |
| 量尺二 | 0.12*** | −0.16*** | −0.13*** |
| 量尺三 | 0.10*** | 0.09** | 0.07 |
| 量尺四 | 0.36*** | −0.12*** | −0.05 |
| 量尺五 | 0.39*** | −0.13*** | −0.07 |
| 量尺六 | 0.11*** | −0.05 | −0.03 |
| 量尺七 | −0.10*** | 0.10*** | 0.09** |
| 量尺八 | 0.10*** | 0.03 | 0.03 |
| 量尺九 | −0.14*** | 0.12*** | 0.06 |
| 量尺十 | 0.15*** | 0.01 | 0.03 |
| 量尺十一 | 0.15*** | −0.14*** | −0.10*** |
| 量尺十二 | 0.23*** | −0.14*** | −0.10*** |
| 量尺十三 | 0.02 | 0.17*** | 0.12*** |
| 量尺十四 | 0.12*** | 0.01 | −0.02 |
| 量尺十五 | 0.19*** | −0.05 | 0.00 |
| 量尺十六 | 0.15*** | −0.14*** | −0.10*** |
| 量尺十七 | 0.22*** | −0.15*** | −0.13*** |
| 正常量尺 | 0.15*** | 0.17*** | 0.27*** |
| 神經質量尺 | 0.10*** | −0.20*** | −0.26*** |
| 精神病質量尺 | 0.13*** | −0.15*** | −0.24*** |
| 反社會人格量尺 | 0.35*** | −0.16*** | −0.11*** |
| 反社會認知量尺 | 0.21*** | −0.23*** | −0.18*** |
| 可信度量尺 | 0.00 | 0.10*** | 0.09** |
| 低分項目量尺 | 0.30*** | −0.10*** | −0.06 |
| 高分項目量尺 | 0.33*** | −0.05 | −0.06 |
| 自我控制總分 | 0.23*** | −0.17*** | −0.15*** |

** $p < 0.01$, *** $p < 0.01$

## 第三節　KSRS 各量尺分數和自我控制量表總分在性侵害、非行、一般三組間的差異

　　由於性侵害組幾乎全為男性，而非行組中只包含了極少數的女性，不足以做分析。同時此研究目的之重點為性侵害的少年，故先行挑選男性的子樣本後，再進行三組間的單因子變異數分析檢定。另外，根據前述之內容，目前已知在不同組別間顯著差異達 0.001 水準有年齡、與家庭社會有關變項（家庭結構、父母關係、主要照顧者、教養方式、與主要照顧者的關係、與同儕的關係），和與性有關變項（性經驗、猥褻或騷擾、性侵害、性霸凌）。其中與家庭社會有關變項以及與性有關變項可能在不同組別間的差異可能與個體的心理認知活動有關，可直接反映在 KSRS 各量尺與自我控制量表上，因此不需在檢驗組間差異前先予以控制。但年齡的誤差可能主要反映了收案方式的限制，而且在前述分析中也發現年齡與一些量尺分數有中度正相關，為了避免組間差異的來源受到年齡的影響，因此將根據性侵害組的年齡分布比率，再次在一般組中進行分層隨機抽樣，以期達到兩組的年齡間無顯著差異存在。最終，所得到的社區一般組男性樣本人數為 256 人，為原本的 58.85%。三組樣本之年齡平均值與標準差各為性侵組 16.45/1.40、非行組 16.53/1.31、一般組 16.45/1.40。利用單因子變異數分析所得之 F 值為 0.24，未超過顯著差異值，因此可以說經過重新抽樣後三組間已無年齡差異存在。

　　將 KSRS 各量尺與自我控制總分作為依變項，進行三組的單因子變異數分析，結果發現除了量尺八、量尺十三與自評可信度量尺外，其餘的分數皆達顯著；而量尺十一與精神病質量尺雖達顯著，但事後檢定卻未發現有意義的組間差異。因此所有二十六個量尺中共有二十一個量尺可以顯現出性侵害組、非行組與一般組之間的差異存在。ANOVA 分析結果如表三十四。

表三十四 KSRS 各量尺分數與自我控制分數在三組樣本上的 ANOVA

| | 組別 | 樣本數 | 平均值 | 標準差 | F 值 | 事後檢定 |
|---|---|---|---|---|---|---|
| 量尺一 | 性侵害 | 188 | 8.02 | 3.44 | 15.08*** | 非行＞性侵害 |
| | 非行 | 203 | 10.23 | 4.47 | | |
| | 一般 | 251 | 8.96 | 3.99 | | 非行＞一般 |
| 量尺二 | 性侵害 | 188 | 11.97 | 4.67 | 7.84*** | 非行＞性侵害 |
| | 非行 | 201 | 14.00 | 6.69 | | |
| | 一般 | 250 | 12.28 | 5.12 | | 非行＞一般 |
| 量尺三 | 性侵害 | 188 | 14.77 | 6.32 | 23.78*** | 非行＞性侵害 |
| | 非行 | 206 | 17.28 | 6.53 | | |
| | 一般 | 256 | 19.14 | 6.85 | | 一般＞性侵害 |
| 量尺四 | 性侵害 | 188 | 8.27 | 4.21 | 120.44*** | 非行＞性侵害 |
| | 非行 | 206 | 12.86 | 6.39 | | 非行＞一般 |
| | 一般 | 256 | 6.38 | 2.47 | | 性侵害＞一般 |
| 量尺五 | 性侵害 | 188 | 28.14 | 9.95 | 20.21*** | 非行＞性侵害 |
| | 非行 | 206 | 36.23 | 14.06 | | |
| | 一般 | 256 | 31.26 | 13.57 | | 非行＞一般 |
| 量尺六 | 性侵害 | 188 | 9.76 | 4.26 | 7.09*** | 一般＞性侵害 |
| | 非行 | 206 | 10.68 | 4.91 | | |
| | 一般 | 256 | 11.44 | 4.68 | | |
| 量尺七 | 性侵害 | 188 | 23.14 | 4.50 | 15.57*** | 一般＞性侵害 |
| | 非行 | 202 | 22.39 | 5.08 | | |
| | 一般 | 249 | 24.89 | 5.07 | | 一般＞非行 |
| 量尺八 | 性侵害 | 188 | 38.37 | 10.09 | 0.03 | |
| | 非行 | 202 | 38.62 | 10.39 | | |
| | 一般 | 250 | 38.55 | 10.17 | | |
| 量尺九 | 性侵害 | 188 | 23.67 | 5.37 | 11.32*** | 性侵害＞非行 |
| | 非行 | 206 | 21.34 | 5.52 | | |
| | 一般 | 255 | 21.35 | 5.95 | | 性侵害＞一般 |
| 量尺十 | 性侵害 | 187 | 22.29 | 7.92 | 9.43*** | 非行＞性侵害 |
| | 非行 | 203 | 24.91 | 8.05 | | |
| | 一般 | 251 | 25.45 | 7.61 | | 一般＞性侵害 |

表三十四　KSRS 各量尺分數與自我控制分數在三組樣本上的 ANOVA（續）

| | 組別 | 樣本數 | 平均值 | 標準差 | F 值 | 事後檢定 |
|---|---|---|---|---|---|---|
| 量尺十一 | 性侵害 | 188 | 6.30 | 2.52 | 4.90** | 無 |
| | 非行 | 206 | 7.25 | 3.51 | | |
| | 一般 | 255 | 7.06 | 3.35 | | |
| 量尺十二 | 性侵害 | 188 | 9.25 | 3.46 | 16.07*** | 非行 > 性侵害 |
| | 非行 | 203 | 11.86 | 5.04 | | |
| | 一般 | 250 | 10.89 | 4.92 | | 一般 > 性侵害 |
| 量尺十三 | 性侵害 | 188 | 23.57 | 4.73 | 2.19 | |
| | 非行 | 203 | 22.55 | 5.64 | | |
| | 一般 | 251 | 23.40 | 5.32 | | |
| 量尺十四 | 性侵害 | 188 | 14.28 | 4.22 | 11.92*** | 一般 > 性侵害 |
| | 非行 | 206 | 15.57 | 4.50 | | |
| | 一般 | 256 | 16.41 | 4.79 | | |
| 量尺十五 | 性侵害 | 188 | 9.74 | 4.19 | 16.13*** | 非行 > 性侵害 |
| | 非行 | 206 | 12.03 | 5.04 | | |
| | 一般 | 256 | 12.11 | 4.88 | | 一般 > 性侵害 |
| 量尺十六 | 性侵害 | 188 | 9.98 | 3.87 | 5.75** | 非行 > 性侵害 |
| | 非行 | 206 | 11.49 | 4.56 | | |
| | 一般 | 256 | 10.63 | 4.70 | | |
| 量尺十七 | 性侵害 | 188 | 11.60 | 4.70 | 19.87*** | 非行 > 性侵害 |
| | 非行 | 206 | 14.50 | 5.66 | | |
| | 一般 | 256 | 11.99 | 4.81 | | 非行 > 一般 |
| 正常量尺 | 性侵害 | 188 | 35.92 | 8.60 | 9.34*** | 一般 > 性侵害 |
| | 非行 | 205 | 37.14 | 8.62 | | |
| | 一般 | 255 | 39.33 | 8.21 | | |
| 神經質量尺 | 性侵害 | 188 | 26.10 | 9.89 | 5.74** | 性侵害 > 一般 |
| | 非行 | 200 | 24.63 | 8.97 | | |
| | 一般 | 249 | 23.08 | 8.98 | | |
| 精神病質量尺 | 性侵害 | 188 | 20.63 | 7.17 | 5.44** | 無 |
| | 非行 | 206 | 22.51 | 7.35 | | |
| | 一般 | 254 | 20.57 | 6.29 | | |

表三十四　KSRS各量尺分數與自我控制分數在三組樣本上的ANOVA（續）

| | 組別 | 樣本數 | 平均值 | 標準差 | F值 | 事後檢定 |
|---|---|---|---|---|---|---|
| 反社會人格量尺 | 性侵害 | 188 | 18.81 | 7.95 | 149.77*** | 非行＞性侵害 |
| | 非行 | 202 | 24.99 | 8.93 | | 非行＞一般 |
| | 一般 | 249 | 12.81 | 5.45 | | 性侵害＞一般 |
| 反社會認知量尺 | 性侵害 | 188 | 22.48 | 8.08 | 10.06*** | 非行＞性侵害 |
| | 非行 | 205 | 26.39 | 9.59 | | |
| | 一般 | 256 | 23.59 | 9.15 | | 非行＞一般 |
| 可信度量尺 | 性侵害 | 188 | 30.84 | 6.13 | 1.90 | |
| | 非行 | 202 | 29.70 | 6.25 | | |
| | 一般 | 250 | 30.61 | 6.24 | | |
| 低分項目量尺 | 性侵害 | 188 | 106.93 | 27.19 | 23.24*** | 非行＞性侵害 |
| | 非行 | 203 | 126.50 | 33.16 | | |
| | 一般 | 251 | 124.24 | 32.32 | | 一般＞性侵害 |
| 高分項目量尺 | 性侵害 | 188 | 85.27 | 16.53 | 67.31*** | 非行＞性侵害 |
| | 非行 | 203 | 92.89 | 20.13 | | 非行＞一般 |
| | 一般 | 250 | 75.36 | 11.50 | | 性侵害＞一般 |
| 自我控制總分 | 性侵害 | 87 | 40.72 | 15.59 | 12.89*** | 非行＞性侵害 |
| | 非行 | 200 | 51.06 | 17.09 | | |
| | 一般 | 250 | 45.57 | 16.80 | | 非行＞一般 |

** $p < 0.01$, *** $p < 0.01$

　　將上述的單因子變異數分析的事後檢驗結果，將之整理如表三十五。

## 表三十五　性侵害組與非行少年組和一般組兩組之差異整理

| 性侵害少年與一般青少年相比 | 性侵害少年與其他非行少年相比 |
|---|---|
| 量尺三：「性加害行為應加處罰」較低 | 量尺一：「性衝動被刺激觸發容易度」較低 |
| 量尺四：「使用毒品經驗」較高 | 量尺二：「以性加害證明男性氣概」較低 |
| 量尺六：「藥物影響性行為」較低 | 量尺三：「性加害行為應加處罰」較低 |
| 量尺七：「反對男尊女卑的態度」較低 | 量尺四：「使用毒品經驗」較低 |
| 量尺九：「絕不犯性加害行為的自我期許」較高 | 量尺五：「性慾望強度與頻率」較低 |
| 量尺十：「對性加害者的負面看法」較低 | 量尺九：「絕不犯性加害行為的自我期許」較高 |
| 量尺十二：「性加害行為控制難度（遺傳、家庭歸因）」較低 | 量尺十：「對性加害者的負面看法」較低 |
| 量尺十四：「支持性加害行為」較低 | 量尺十二：「性加害行為控制難度（遺傳、家庭歸因）」較低 |
| 量尺十五：「性加害者的社會背景（與飲酒行為）的歸因」較低 | 量尺十五：「性加害者的社會背景（與飲酒行為）的歸因」較低 |
| 正常量尺較低 | 量尺十六：「性加害行為難控制」較低 |
| 神經質量尺較高 | 量尺十七：「對酒、性刺激的忍受度低」較低 |
| 反社會人格量尺較高 | 反社會人格量尺較低 |
| 低分項目量尺：「性侵害加害人在回答問卷題目時不斷地為犯性加害罪的人做有力的辯護」較低 | 反社會認知量尺較低 |
| 高分項目量尺：「性加害組承認或同意自己有的思考與言行」較高 | 低分項目量尺：「性侵害加害人在回答問卷題目時不斷地為犯性加害罪的人做有力的辯護」較低 |
| | 高分項目量尺：「性加害組承認或同意自己有的思考與言行」較低 |
| | 自我控制之總分較低 |

## 第四節　KSRS 各量尺分數和自我控制量表總分在廣義性侵害各組間之差異

### 一、廣義性侵害定義

在此次對一般國高中生的收案過程中，發現有些學生的基本資料中反映出有過騷擾／猥褻、性霸凌、性侵害他人的經驗，或是有遭受過這些待遇的經驗。因此若以這些學生在這些基本資料上的反映作為依據，應可找出不在司法場合中出現的性侵害行為與被性侵害行為，暫稱之為廣義性侵害行為。將一般組中的受試者依照下列定義來進行分組：

### （一）無特別經驗者

在基本資料的「我曾性騷擾或猥褻他人」、「我曾性侵害他人」、「我曾性霸凌他人」、「我曾遭他人性騷擾或猥褻」、「我曾遭他人性侵害」、「我曾遭他人性霸凌」等題目中皆勾選「否」之受試者。

### （二）廣義性侵害受害者

在基本資料中的「我曾遭他人性騷擾或猥褻」、「我曾遭他人性侵害」、「我曾遭他人性霸凌」等題目中任一以上勾選「是」之受試者。

### （三）廣義性侵害加害者

在基本資料中的「我曾性騷擾或猥褻他人」、「我曾性侵害他人」、「我曾性霸凌他人」等題目中任一以上勾選「是」之受試者。若受試者同時符合廣義性侵害受害者之定義，則以此組別為主。

最終，在 845 位一般國高生中，有 56 位是廣義性侵害加害者（後續稱為廣義加害組）、63 位是廣義性侵害受害組（後續稱為廣義受害組）、726 位是無特別經驗者（後續稱為廣義一般組）。此三組在性別分布方面

（表三十六），顯示性別分布顯著地不平均，廣義加害組有七成以上是男性，廣義受害組約有六成五是女性，而廣義一般組則男女約各為一半。在年齡方面，三組之間無顯著的年齡差異，平均值在 15.44 到 15.71 歲之間。

表三十六　廣義性侵害之各組男女比例與年齡統計值

| | | 組別 | | |
| --- | --- | --- | --- | --- |
| | | 廣義加害組 | 廣義受害組 | 廣義一般組 |
| 性別 | 男 | 40（71.4%） | 22（34.9%） | 371（51.1%） |
| | 女 | 16（28.6%） | 41（65.1%） | 355（48.9%） |
| 年齡 | 平均值 | 15.47 | 15.44 | 15.71 |
| | 標準差 | 1.77 | 1.70 | 1.74 |

## 二、KSRS 各量尺分數和自我控制量表總分在廣義性侵害各組間之差異

　　將 KSRS 各量尺與自我控制總分作為依變項，進行廣義性侵害的三組單因子變異數分析，結果發現除了量尺三、量尺八、量尺十、量尺十四、量尺十五、正常量尺與自評可信度量尺外，其餘的分數皆達顯著。因此所有二十六個量尺中共有十九個量尺可以顯現出廣義加害組、廣義受害組與廣義一般組之間的差異存在。


　　在量尺一「性衝動被刺激觸發容易度」、量尺二「以性加害證明男性氣概」、量尺五「性慾望強度與頻率」、量尺十一「性加害傾向強」、量尺十二「性加害行為控制難度（遺傳、家庭歸因）」、量尺十六「性加害行為難控制」、量尺十七「對酒、性刺激的忍受度低」、反社會人格量尺、反社會認知量尺、低分項目量尺等十個量尺上，廣義加害組之得分皆比廣義受害組或廣義一般組高。

低分項目量尺先不論，可發現在上述九個量尺中的統計顯著性支持原本 KSRS 量表設計之目的，亦即偵測出性侵害加害者有較多的動態危險因子，包括較容易產生的性衝動、有較偏差的性觀念、認為性衝動較難控制、較高的情緒與性格危險因子等。而這些在進入司法場合中就反轉過來，受試者產生的否認心態或自我辯解動機會強過這些動態危險因子表現。因此在社區（國、高中）中進行 KSRS 之測量，所得之結果應該較符合原先量表設計之目的。

茲將有顯著之 ANOVA 分析結果節錄在表三十七。

表三十七　KSRS 各量尺分數與自我控制分數在廣義性侵害三組樣本上的 ANOVA

| | 組別 | 樣本數 | 平均值 | 標準差 | F 值 | 事後檢定 |
|---|---|---|---|---|---|---|
| | 加害組 | 55 | 10.15 | 5.12 | 22.39*** | 加害組 > 受害組 |
| 量尺一 | 受害組 | 63 | 7.29 | 2.53 | | 加害組 > 一般組 |
| | 一般組 | 715 | 7.07 | 3.16 | | |
| | 加害組 | 55 | 13.62 | 5.86 | 10.04*** | 加害組 > 受害組 |
| 量尺二 | 受害組 | 63 | 11.41 | 3.15 | | 加害組 > 一般組 |
| | 一般組 | 712 | 11.13 | 3.86 | | |
| | 加害組 | 56 | 6.66 | 2.11 | 3.45* | 加害組 > 一般組 |
| 量尺四 | 受害組 | 63 | 6.02 | 1.64 | | |
| | 一般組 | 726 | 5.94 | 1.99 | | |
| | 加害組 | 56 | 32.66 | 16.79 | 15.96*** | 加害組 > 受害組 |
| 量尺五 | 受害組 | 63 | 24.17 | 12.18 | | 加害組 > 一般組 |
| | 一般組 | 726 | 23.13 | 11.74 | | |
| | 加害組 | 56 | 13.20 | 4.53 | 9.24*** | 加害組 > 一般組 |
| 量尺六 | 受害組 | 63 | 11.16 | 4.15 | | |
| | 一般組 | 725 | 10.49 | 4.67 | | |

表三十七　KSRS 各量尺分數與自我控制分數在廣義性侵害三組樣本上
　　　　　的 ANOVA（續）

| | 組別 | 樣本數 | 平均值 | 標準差 | F 值 | 事後檢定 |
|---|---|---|---|---|---|---|
| 量尺七 | 加害組 | 55 | 24.29 | 5.60 | 3.80* | 一般組＞加害組 |
| | 受害組 | 63 | 25.98 | 4.33 | | |
| | 一般組 | 710 | 26.10 | 4.65 | | |
| 量尺九 | 加害組 | 56 | 21.27 | 6.58 | 5.45** | 一般組＞加害組 |
| | 受害組 | 63 | 23.41 | 5.74 | | |
| | 一般組 | 724 | 23.94 | 5.83 | | |
| 量尺十一 | 加害組 | 56 | 8.09 | 3.89 | 16.42*** | 加害組＞受害組 |
| | 受害組 | 63 | 5.90 | 1.93 | | 加害組＞一般組 |
| | 一般組 | 725 | 6.08 | 2.48 | | |
| 量尺十二 | 加害組 | 55 | 11.84 | 5.94 | 14.22*** | 加害組＞受害組 |
| | 受害組 | 63 | 9.32 | 4.06 | | 加害組＞一般組 |
| | 一般組 | 714 | 8.95 | 3.65 | | |
| 量尺十三 | 加害組 | 55 | 22.24 | 5.32 | 3.64* | 一般組＞加害組 |
| | 受害組 | 63 | 23.44 | 5.01 | | |
| | 一般組 | 714 | 24.08 | 5.08 | | |
| 量尺十六 | 加害組 | 56 | 12.55 | 5.18 | 16.52*** | 加害組＞受害組 |
| | 受害組 | 63 | 10.67 | 4.01 | | 加害組＞一般組 |
| | 一般組 | 725 | 9.55 | 3.84 | | |
| 量尺十七 | 加害組 | 56 | 13.75 | 6.10 | 20.89*** | 加害組＞受害組 |
| | 受害組 | 63 | 10.70 | 3.32 | | 加害組＞一般組 |
| | 一般組 | 726 | 10.27 | 3.71 | | |
| 神經質量尺 | 加害組 | 55 | 26.53 | 8.84 | 17.79*** | 加害組＞一般組 |
| | 受害組 | 63 | 28.25 | 10.02 | | 受害組＞一般組 |
| | 一般組 | 710 | 22.33 | 8.65 | | |
| 精神病質量尺 | 加害組 | 56 | 21.63 | 5.77 | 9.60*** | 受害組＞一般組 |
| | 受害組 | 63 | 22.63 | 6.91 | | |
| | 一般組 | 722 | 19.57 | 6.04 | | |

表三十七　KSRS各量尺分數與自我控制分數在廣義性侵害三組樣本上
　　　　　的ANOVA（續）

| | 組別 | 樣本數 | 平均值 | 標準差 | F值 | 事後檢定 |
|---|---|---|---|---|---|---|
| 反社會<br>人格量<br>尺 | 加害組 | 55 | 14.16 | 5.98 | 13.76*** | 加害組＞受害組 |
| | 受害組 | 63 | 11.75 | 4.34 | | 加害組＞一般組 |
| | 一般組 | 710 | 10.90 | 4.43 | | |
| 反社會<br>認知量<br>尺 | 加害組 | 56 | 26.52 | 9.80 | 16.32*** | 加害組＞受害組 |
| | 受害組 | 63 | 22.98 | 9.67 | | 加害組＞一般組 |
| | 一般組 | 724 | 20.65 | 7.47 | | |
| 低分項<br>目量尺 | 加害組 | 55 | 129.64 | 33.74 | 12.46*** | 加害組＞受害組 |
| | 受害組 | 63 | 114.06 | 26.89 | | 加害組＞一般組 |
| | 一般組 | 715 | 110.29 | 27.55 | | |
| 高分項<br>目量尺 | 加害組 | 55 | 77.58 | 10.54 | 4.27* | 加害組＞一般組 |
| | 受害組 | 63 | 75.40 | 11.13 | | |
| | 一般組 | 715 | 73.43 | 11.08 | | |
| 自我控<br>制總分 | 加害組 | 55 | 53.38 | 17.60 | 22.40*** | 加害組＞一般組 |
| | 受害組 | 63 | 48.56 | 15.69 | | 受害組＞一般組 |
| | 一般組 | 710 | 40.77 | 15.40 | | |

* $p < 0.05$, ** $p < 0.01$, *** $p < 0.01$

# 第五節　發展適用於少年的KSRS-YV（Ko's Sexual Relation Scale – Youth Version）

　　為了便於此評估工具在團體內施測，原本180題的題目數應做精簡，初步認為理想狀況為100題以下。在精簡的過程中，應該保留較為重要與精華的題目。因此將從兩方面作為保留題目的基準：(1) 題目是否可以偵測出青少年性侵害行為人與其他青少年的不同之處；(2) 題目是否可以偵測出犯下不同類型性侵害行為的青少年間的差異之處。因此針對第一

項基準，將 180 題題目在性侵組、非行組、一般組之間做組間比較，找出有組間差異（尤其是性侵／一般、性侵／非行此兩種組間差異）的題目群。而針對第二項基準，則從現有資料中建立不同性侵害類型的變項，再找出 180 題中能分辨出不同性侵類型變項的題目群。之後將此兩群題目合併，並定出新的計分方式與解釋方法，作為 KSRS 量表的精簡版，使其更利於在團體中使用。

## 一、項目分析

　　KSRS 最主要目的之一為找出性侵犯在動態因子、心理社會層面上的獨特之處，而若要建立 KSRS-YV，首要目標應該是要延續此目的。因此在 KSRS 全部 162 題以及自我控制量表 18 題中，應先找出能夠區辨出青少年性侵害行為人／非行少年，以及青少年性侵害行為人／一般青少年的項目，作為 KSRS-YV 的基礎。因此將 180 個題目做性侵組、非行組與一般組的單因子變異數分析；若 F 值達顯著，則只著重在性侵組／非行組與性侵組／一般組的兩項事後比較，找出具有區辨力的題目。結果發現，共有 77 題具有區辨力，其中有 35 題是僅在性侵組／非行組的比較中達顯著，有 19 題是僅在性侵組／一般組上達顯著，另外的 23 題是在兩項比較上都達顯著。表三十八、表三十九為此分析的摘要，僅列出有顯著之題目。

表三十八　性侵組／一般組的 sheffe 事後比較結果節錄

| 項目 | 平均值差（性侵－一般） | 標準誤 | $p$ |
|---|---|---|---|
| KSRS 第 001 題 | 0.65 | 0.14 | < 0.001 |
| KSRS 第 006 題 | −0.77 | 0.16 | < 0.001 |
| KSRS 第 008 題 | −0.68 | 0.19 | 0.002 |
| KSRS 第 011 題 | −0.38 | 0.12 | 0.009 |

表三十八　性侵組／一般組的 sheffe 事後比較結果節錄（續）

| 項目 | 平均值差（性侵－一般） | 標準誤 | $p$ |
|---|---|---|---|
| KSRS 第 014 題 | −1.05 | 0.18 | < 0.001 |
| KSRS 第 016 題 | −0.56 | 0.17 | 0.005 |
| KSRS 第 017 題 | 0.47 | 0.14 | 0.004 |
| KSRS 第 022 題 | −1.03 | 0.18 | < 0.001 |
| KSRS 第 023 題 | 0.59 | 0.15 | < 0.001 |
| KSRS 第 024 題 | −0.63 | 0.19 | 0.004 |
| KSRS 第 028 題 | 0.83 | 0.16 | < 0.001 |
| KSRS 第 034 題 | −0.76 | 0.18 | < 0.001 |
| KSRS 第 039 題 | −1.09 | 0.18 | < 0.001 |
| KSRS 第 046 題 | −0.51 | 0.15 | 0.003 |
| KSRS 第 049 題 | 0.94 | 0.15 | < 0.001 |
| KSRS 第 053 題 | 1.06 | 0.21 | < 0.001 |
| KSRS 第 058 題 | −0.62 | 0.16 | 0.001 |
| KSRS 第 060 題 | 0.44 | 0.13 | 0.003 |
| KSRS 第 064 題 | −0.68 | 0.17 | 0.001 |
| KSRS 第 066 題 | 1.46 | 0.17 | < 0.001 |
| KSRS 第 070 題 | −0.40 | 0.12 | 0.005 |
| KSRS 第 074 題 | −0.56 | 0.16 | 0.002 |
| KSRS 第 079 題 | −0.53 | 0.15 | 0.002 |
| KSRS 第 086 題 | −0.54 | 0.17 | 0.007 |
| KSRS 第 102 題 | −0.72 | 0.14 | < 0.001 |
| KSRS 第 103 題 | −0.61 | 0.17 | 0.001 |
| KSRS 第 112 題 | 0.86 | 0.15 | < 0.001 |
| KSRS 第 114 題 | −0.74 | 0.17 | < 0.001 |
| KSRS 第 118 題 | −0.50 | 0.15 | 0.003 |
| KSRS 第 119 題 | −0.99 | 0.18 | < 0.001 |
| KSRS 第 127 題 | −0.47 | 0.13 | 0.003 |
| KSRS 第 139 題 | −0.36 | 0.12 | 0.008 |
| KSRS 第 141 題 | 1.03 | 0.16 | < 0.001 |

表三十八　性侵組／一般組的 sheffe 事後比較結果節錄（續）

| 項目 | 平均值差（性侵－一般） | 標準誤 | $p$ |
|---|---|---|---|
| KSRS 第 143 題 | −0.50 | 0.16 | 0.009 |
| KSRS 第 147 題 | −0.52 | 0.15 | 0.002 |
| KSRS 第 154 題 | −0.57 | 0.15 | 0.001 |
| KSRS 第 156 題 | 1.57 | 0.18 | < 0.001 |
| KSRS 第 157 題 | −0.57 | 0.18 | 0.007 |
| KSRS 第 158 題 | −0.43 | 0.13 | 0.004 |
| KSRS 第 160 題 | 0.56 | 0.16 | 0.002 |
| 自我控制第 11 題 | −0.82 | 0.21 | 0.001 |
| 自我控制第 15 題 | −0.71 | 0.21 | 0.003 |

表三十九　性侵組／非行組的 sheffe 事後比較結果節錄

| 項目 | 平均值差（性侵－非行） | 標準誤 | $p$ |
|---|---|---|---|
| KSRS 第 004 題 | −0.80 | 0.16 | < 0.001 |
| KSRS 第 006 題 | −0.83 | 0.17 | < 0.001 |
| KSRS 第 011 題 | −0.65 | 0.13 | < 0.001 |
| KSRS 第 019 題 | −0.48 | 0.14 | 0.003 |
| KSRS 第 023 題 | −0.49 | 0.15 | 0.007 |
| KSRS 第 027 題 | −0.84 | 0.16 | < 0.001 |
| KSRS 第 028 題 | −1.59 | 0.17 | < 0.001 |
| KSRS 第 031 題 | −1.04 | 0.12 | < 0.001 |
| KSRS 第 036 題 | −0.26 | 0.08 | 0.004 |
| KSRS 第 038 題 | −0.57 | 0.13 | < 0.001 |
| KSRS 第 039 題 | −0.65 | 0.19 | 0.002 |
| KSRS 第 047 題 | −0.49 | 0.14 | 0.003 |
| KSRS 第 049 題 | −1.26 | 0.16 | < 0.001 |
| KSRS 第 051 題 | −0.91 | 0.14 | < 0.001 |
| KSRS 第 052 題 | −0.33 | 0.10 | 0.006 |

表三十九　性侵組／非行組的 sheffe 事後比較結果節錄（續）

| 項目 | 平均值差（性侵－非行） | 標準誤 | $p$ |
|---|---|---|---|
| KSRS 第 053 題 | 0.78 | 0.22 | 0.002 |
| KSRS 第 055 題 | −0.56 | 0.12 | < 0.001 |
| KSRS 第 059 題 | 0.62 | 0.20 | 0.009 |
| KSRS 第 061 題 | −0.56 | 0.16 | 0.003 |
| KSRS 第 065 題 | −1.09 | 0.17 | < 0.001 |
| KSRS 第 066 題 | −1.18 | 0.18 | < 0.001 |
| KSRS 第 070 題 | −0.45 | 0.13 | 0.003 |
| KSRS 第 074 題 | −0.70 | 0.17 | < 0.001 |
| KSRS 第 079 題 | −0.79 | 0.16 | < 0.001 |
| KSRS 第 083 題 | −0.46 | 0.12 | 0.001 |
| KSRS 第 087 題 | −0.89 | 0.16 | < 0.001 |
| KSRS 第 090 題 | −0.68 | 0.17 | < 0.001 |
| KSRS 第 101 題 | −0.98 | 0.15 | < 0.001 |
| KSRS 第 103 題 | −0.62 | 0.17 | 0.002 |
| KSRS 第 106 題 | −0.42 | 0.11 | 0.001 |
| KSRS 第 112 題 | −1.08 | 0.16 | < 0.001 |
| KSRS 第 113 題 | −0.55 | 0.13 | < 0.001 |
| KSRS 第 114 題 | −0.93 | 0.17 | < 0.001 |
| KSRS 第 116 題 | −0.39 | 0.10 | < 0.001 |
| KSRS 第 119 題 | −0.64 | 0.19 | 0.003 |
| KSRS 第 121 題 | −0.55 | 0.16 | 0.003 |
| KSRS 第 123 題 | −0.59 | 0.14 | < 0.001 |
| KSRS 第 127 題 | −0.61 | 0.14 | < 0.001 |
| KSRS 第 128 題 | −0.44 | 0.11 | 0.001 |
| KSRS 第 134 題 | −0.58 | 0.11 | < 0.001 |
| KSRS 第 138 題 | −0.37 | 0.10 | 0.002 |
| KSRS 第 139 題 | −0.47 | 0.12 | 0.001 |
| KSRS 第 140 題 | −0.43 | 0.11 | < 0.001 |
| KSRS 第 141 題 | 0.87 | 0.16 | < 0.001 |

表三十九 性侵組／非行組的 sheffe 事後比較結果節錄（續）

| 項目 | 平均值差（性侵－非行） | 標準誤 | p |
|---|---|---|---|
| KSRS 第 143 題 | −0.63 | 0.17 | 0.001 |
| KSRS 第 147 題 | −0.71 | 0.15 | < 0.001 |
| KSRS 第 149 題 | −0.60 | 0.14 | < 0.001 |
| KSRS 第 150 題 | −0.56 | 0.14 | < 0.001 |
| KSRS 第 158 題 | −0.68 | 0.14 | < 0.001 |
| KSRS 第 160 題 | −1.10 | 0.16 | < 0.001 |
| 自我控制第 02 題 | −0.69 | 0.21 | 0.005 |
| 自我控制第 03 題 | −0.79 | 0.21 | 0.001 |
| 自我控制第 04 題 | −0.85 | 0.20 | < 0.001 |
| 自我控制第 06 題 | −0.62 | 0.20 | 0.008 |
| 自我控制第 09 題 | −0.64 | 0.19 | 0.003 |
| 自我控制第 11 題 | −0.96 | 0.22 | < 0.001 |
| 自我控制第 14 題 | −0.63 | 0.17 | 0.001 |
| 自我控制第 18 題 | −0.83 | 0.24 | 0.003 |

## 二、性侵組內不同類型之比較

此次蒐集之資料中，大部分的性侵害行為人內有三項基本資料可以做基本的區分。第一個變項為性侵類型，代表其犯行之內容，分成「合意」（包含未成年情侶間之性行為、涉及金錢交易等）與「強制」（包含妨害性自主、強制猥褻、趁機猥褻等）兩類，基本假設為強制型的性侵害行為人可能有較偏差的心理動態因子。第二個變項為處遇方式，代表收案時所處的司法階段以及已判決的處遇，分成「保護管束」（包含假日生活輔導和處遇團體）、「機構」（誠正中學）和「審理中」（尚在審前調查的階段），基本假設為進入機構的性侵害行為人其心理動態因子應該比保護管束的行為人更為偏差。第三個變項為「單純／混合案件」，代表犯下性侵害案時是否也同時涉及其他案件。分成「單純性侵

害」和「混合案件」兩類，基本假設為混合案件的行為人應有較偏差的心理動態因子。

在建立 KSRS-YV 之時，希望題目內能夠呈現出此三項基本資料之差別，亦即「強制」性侵類型的受試者得分應比「合意」者高、「機構」的受試者應也有較高的得分、「混合案件」的受試者得分應比「單純性侵害」者高。因此進行差異分析，利用獨立樣本 T 檢定來考驗性侵類型與單純／混合案件兩個變項在 KSRS 量表 162 題與自我控制量表 18 題上面的差異，以及利用單因子變異數分析來考驗處遇方式變項在這些題目上的差異。

結果發現（表四十），在性侵類型變項上，有4題可以顯現出「合意」與「強制」的差異。其中 KSRS 量表第 79 題與第 104 題，與性興奮和性侵害衝動有關，也確實顯現出「強制」類型的受試者有較偏高的得分。

表四十　在性侵類型上有顯著差異的 KSRS 項目

| 項目 | 項目內容 | 性侵類型 | n | 平均值 | 標準差 | t |
|------|----------|----------|---|--------|--------|---|
| KSRS 第 001 題 | 我常喝酒。 | 合意 | 82 | 2.83 | 1.60 | 2.67** |
| | | 強制 | 52 | 2.08 | 1.57 | |
| KSRS 第 046 題 | 我相信自己的能力不比別人低。 | 合意 | 82 | 4.52 | 1.57 | 2.96** |
| | | 強制 | 52 | 3.65 | 1.79 | |
| KSRS 第 079 題 | 如果看到異性半露的胸部，我就會興奮得不得了。 | 合意 | 82 | 1.80 | 0.99 | −2.79** |
| | | 強制 | 52 | 2.44 | 1.45 | |
| KSRS 第 104 題 | 每年在某一季節我想做強姦行為的衝動就特別強。 | 合意 | 82 | 1.12 | 0.36 | −3.20** |
| | | 強制 | 52 | 1.56 | 0.94 | |

** $p < 0.01$

在處遇方式變項上（表四十一），共有十二個項目發現組間差異，而事後比較中也確實顯示這全部 12 題中都是「機構」的受試者和其他兩類受試者有顯著差別。然而觀看其項目內容，僅有 KSRS 量表第 150 題直接與性衝動有關，而其餘的題目大多與飲酒、服用毒品、就學時表現、衝動控制等行為有關。另外，此次屬於機構的樣本數僅有 13 人，而且自我控制量表的人數也因為收案限制而銳減，因此結果可能尚未穩固。

表四十一　在處遇方式上有顯著差異的 KSRS 項目與自我控制項目

| 項目 | 項目內容 | 處遇方式 | n | 平均值 | 標準差 | F |
|------|---------|---------|---|-------|-------|---|
| KSRS 第 028 題 | 我使用過毒品。 | 保護管束 | 107 | 1.64 | 1.55 | 14.18*** |
| | | 機構 | 13 | 4.23 | 2.39 | |
| | | 審理中 | 65 | 1.86 | 1.66 | |
| KSRS 第 029 題 | 在電視或報紙看到搶劫、殺人、綁架時，我經常會想到將來我也要試試看，一定很刺激，令我興奮。 | 保護管束 | 107 | 1.30 | 0.74 | 5.52** |
| | | 機構 | 13 | 2.08 | 1.38 | |
| | | 審理中 | 65 | 1.35 | 0.74 | |
| KSRS 第 031 題 | 我常喝酒之外，也使用一種以上的毒品。 | 保護管束 | 107 | 1.25 | 0.85 | 14.05*** |
| | | 機構 | 13 | 2.69 | 1.84 | |
| | | 審理中 | 65 | 1.26 | 0.83 | |
| KSRS 第 038 題 | 從小學或國中時代，我好幾次偷拿父母的印章去蓋學校聯絡簿或成績單。 | 保護管束 | 107 | 1.37 | 0.85 | 6.52** |
| | | 機構 | 13 | 2.38 | 1.56 | |
| | | 審理中 | 65 | 1.45 | 0.97 | |
| KSRS 第 049 題 | 從小學或國中時代，我就常常逃學。 | 保護管束 | 107 | 2.15 | 1.57 | 8.54*** |
| | | 機構 | 13 | 4.15 | 1.63 | |
| | | 審理中 | 65 | 2.42 | 1.78 | |

表四十一　在處遇方式上有顯著差異的 KSRS 項目與自我控制項目（續）

| 項目 | 項目內容 | 處遇方式 | n | 平均值 | 標準差 | F |
|---|---|---|---|---|---|---|
| KSRS 第 051 題 | 我過去使用過安非他命。 | 保護管束 | 107 | 1.10 | 0.58 | 17.14*** |
| | | 機構 | 13 | 2.85 | 2.44 | |
| | | 審理中 | 65 | 1.29 | 1.11 | |
| KSRS 第 066 題 | 從小學或國中時代起，我已兩次或兩次以上離家出走，在外過夜，且數日不歸。 | 保護管束 | 107 | 2.59 | 1.98 | 7.66*** |
| | | 機構 | 13 | 4.85 | 1.57 | |
| | | 審理中 | 65 | 3.03 | 2.08 | |
| KSRS 第 070 題 | 每談到升學考試時，我經常會想到聯考是一種競爭，為了拿到高分，只要不被發現，作弊也可以。 | 保護管束 | 106 | 1.42 | 0.88 | 7.43*** |
| | | 機構 | 13 | 2.38 | 1.33 | |
| | | 審理中 | 65 | 1.42 | 0.73 | |
| KSRS 第 112 題 | 從小學或國中時代，我就有習慣，只要學校裡發生了讓我不愉快的事，我就帶著書包，不請假自行離開學校。 | 保護管束 | 107 | 2.17 | 1.65 | 6.39** |
| | | 機構 | 13 | 3.92 | 1.85 | |
| | | 審理中 | 65 | 2.35 | 1.68 | |
| KSRS 第 150 題 | 有時，電視節目裡的男女親熱鏡頭，也會使我的性慾強得難以控制。 | 保護管束 | 107 | 1.63 | 1.17 | 6.17** |
| | | 機構 | 13 | 2.54 | 1.33 | |
| | | 審理中 | 65 | 1.43 | 0.68 | |
| 自我控制 第 08 題 | 我會去做一些危險而別人不敢做的事。 | 保護管束 | 57 | 1.77 | 1.24 | 10.21*** |
| | | 機構 | 12 | 3.58 | 1.44 | |
| | | 審理中 | 16 | 2.25 | 1.24 | |
| 自我控制 第 18 題 | 上課時，我常常被好玩的事所吸引，而沒有聽課。 | 保護管束 | 57 | 2.86 | 1.85 | 6.93** |
| | | 機構 | 13 | 4.62 | 1.61 | |
| | | 審理中 | 16 | 2.50 | 0.82 | |

** $p < 0.01$, *** $p < 0.01$

在單純／混合案件變項上（表四十二），有 3 題可以顯現出「單純性侵害」與「混合案件」的差異。但 3 題間在內容上似乎無明顯的共通性，分別代表對性侵害行為的生理歸因、就學時表現、衝動控制。但其差異方向支持「混合案件」的受試者有較偏差的心理動態因子。

表四十二　在單純／混合案件上有顯著差異的 KSRS 項目

| 項目 | 項目內容 | 單純／混合案件 | n | 平均值 | 標準差 | t |
|---|---|---|---|---|---|---|
| KSRS 第 109 題 | 我相信犯了強姦罪的人一定是因他的生理條件很特別，無法控制自己的性需求。 | 單純 | 94 | 2.27 | 1.49 | −3.05** |
| | | 混合 | 36 | 3.19 | 1.70 | |
| KSRS 第 112 題 | 從小學或國中時代，我就有習慣，只要學校裡發生了讓我不愉快的事，我就帶著書包，不請假自行離開學校。 | 單純 | 94 | 2.26 | 1.61 | −2.77** |
| | | 混合 | 36 | 3.19 | 2.01 | |
| 自我控制 第 02 題 | 如果有人惹我生氣，那麼即使在公共場合，我也會大罵那個人。 | 單純 | 38 | 1.84 | 0.86 | −4.17*** |
| | | 混合 | 11 | 3.27 | 1.42 | |

** $p < 0.01$, *** $p < 0.01$

整理上述發現，KSRS 量表 162 題與自我控制量表 18 題中，在性侵類型、處遇方式、單純／混合案件三個變項上有差異性的題目共有 18 題（KSRS 量表第 112 題在處遇方式和單純／混合案量上都有顯著差異存在）。因此這 18 題應該也被納入 KSRS-YV 之中。

## 三、KSRS-YV 指標之建構

將前述之結果合併，發現共有 81 題具有辨識性侵害行為人群體的整體獨特性以及群體內分辨性的特徵，整理如表四十三。

表四十三　具有區辨力的 KSRS 項目與自我控制項目

| 項目 | 性侵組／一般組 | 性侵組／非行組 | 性侵組內 |
|---|---|---|---|
| KSRS 第 001 題 | ✓ | | ✓ |
| KSRS 第 004 題 | | ✓ | |
| KSRS 第 006 題 | ✓ | ✓ | |
| KSRS 第 008 題 | ✓ | | |
| KSRS 第 011 題 | ✓ | ✓ | |
| KSRS 第 014 題 | ✓ | | |
| KSRS 第 016 題 | ✓ | | |
| KSRS 第 017 題 | ✓ | | |
| KSRS 第 019 題 | | ✓ | |
| KSRS 第 022 題 | ✓ | | |
| KSRS 第 023 題 | ✓ | ✓ | |
| KSRS 第 024 題 | ✓ | | |
| KSRS 第 027 題 | | ✓ | |
| KSRS 第 028 題 | ✓ | ✓ | ✓ |
| KSRS 第 029 題 | | | ✓ |
| KSRS 第 031 題 | | ✓ | ✓ |
| KSRS 第 034 題 | ✓ | | |
| KSRS 第 036 題 | | ✓ | |
| KSRS 第 038 題 | | ✓ | ✓ |
| KSRS 第 039 題 | ✓ | ✓ | |
| KSRS 第 046 題 | ✓ | | ✓ |
| KSRS 第 047 題 | | ✓ | |
| KSRS 第 049 題 | ✓ | ✓ | ✓ |
| KSRS 第 051 題 | | ✓ | ✓ |

表四十三　具有區辨力的 KSRS 項目與自我控制項目（續）

| 項目 | 性侵組／一般組 | 性侵組／非行組 | 性侵組內 |
|------|:---:|:---:|:---:|
| KSRS 第 052 題 | | ✓ | |
| KSRS 第 053 題 | ✓ | ✓ | |
| KSRS 第 055 題 | | ✓ | |
| KSRS 第 058 題 | ✓ | | |
| KSRS 第 059 題 | | ✓ | |
| KSRS 第 060 題 | ✓ | | |
| KSRS 第 061 題 | | ✓ | |
| KSRS 第 064 題 | ✓ | | |
| KSRS 第 065 題 | | ✓ | |
| KSRS 第 066 題 | ✓ | ✓ | ✓ |
| KSRS 第 070 題 | ✓ | ✓ | ✓ |
| KSRS 第 074 題 | ✓ | ✓ | |
| KSRS 第 079 題 | ✓ | ✓ | ✓ |
| KSRS 第 083 題 | | ✓ | |
| KSRS 第 086 題 | ✓ | | |
| KSRS 第 087 題 | | ✓ | |
| KSRS 第 090 題 | | ✓ | |
| KSRS 第 101 題 | | ✓ | |
| KSRS 第 102 題 | ✓ | | |
| KSRS 第 103 題 | ✓ | ✓ | |
| KSRS 第 104 題 | | | ✓ |
| KSRS 第 106 題 | | ✓ | |
| KSRS 第 109 題 | | | ✓ |
| KSRS 第 112 題 | ✓ | ✓ | ✓ |
| KSRS 第 113 題 | | ✓ | |
| KSRS 第 114 題 | ✓ | ✓ | |
| KSRS 第 116 題 | | ✓ | |
| KSRS 第 118 題 | ✓ | | |
| KSRS 第 119 題 | ✓ | ✓ | |
| KSRS 第 121 題 | | ✓ | |

表四十三　具有區辨力的 KSRS 項目與自我控制項目（續）

| 項目 | 性侵組／一般組 | 性侵組／非行組 | 性侵組內 |
|------|------------|------------|--------|
| KSRS 第 123 題 |  | ✓ |  |
| KSRS 第 127 題 | ✓ | ✓ |  |
| KSRS 第 128 題 |  | ✓ |  |
| KSRS 第 134 題 |  | ✓ |  |
| KSRS 第 138 題 |  | ✓ |  |
| KSRS 第 139 題 | ✓ | ✓ |  |
| KSRS 第 140 題 |  | ✓ |  |
| KSRS 第 141 題 | ✓ | ✓ |  |
| KSRS 第 143 題 | ✓ | ✓ |  |
| KSRS 第 147 題 | ✓ | ✓ |  |
| KSRS 第 149 題 |  | ✓ |  |
| KSRS 第 150 題 |  | ✓ | ✓ |
| KSRS 第 154 題 | ✓ |  |  |
| KSRS 第 156 題 | ✓ |  |  |
| KSRS 第 157 題 | ✓ |  |  |
| KSRS 第 158 題 | ✓ | ✓ |  |
| KSRS 第 160 題 | ✓ | ✓ |  |
| 自我控制第 02 題 |  | ✓ | ✓ |
| 自我控制第 03 題 |  | ✓ |  |
| 自我控制第 04 題 |  | ✓ |  |
| 自我控制第 06 題 |  | ✓ |  |
| 自我控制第 08 題 |  |  | ✓ |
| 自我控制第 09 題 |  | ✓ |  |
| 自我控制第 11 題 | ✓ | ✓ |  |
| 自我控制第 14 題 |  | ✓ |  |
| 自我控制第 15 題 | ✓ |  |  |
| 自我控制第 18 題 |  | ✓ | ✓ |

作為建立 KSRS-YV 的基礎，將這 81 題進行探索性因素分析。因素抽取方式為主軸法（principled axis factoring），而在不同組別的樣本上各作一次分析，亦即可得出性侵組、非行組、一般組的三種因素分析結果，藉以做跨組別間的比較，驗證因素結構的普遍性。在性侵組中，KMO 值為 .27，而 Bartlett 球形檢定為顯著（p < .001）。因此雖然 KMO 值未大於 .60，不建議進行因素分析，但 Bartlett 檢定支持此樣本可進行因素分析，同時在性侵組中所得之結果是用於跨組間的比較，因此決定繼續進行因素分析。在非行組中，KMO 值為 .78，而 Bartlett 球形檢定為顯著（p < .001），因此可以進行因素分析。在一般組中，KMO 值為 .90，而 Bartlett 球形檢定為顯著（p < .001），因此同樣可以進行因素分析。

在不同組中所得之結果，皆顯示上述的 81 題最適合以兩個因素的結構去解釋，同時有 69 題在三組中都被歸在相同的因素下，因此將試著以兩個因素之方向來整理項目。表四十四列出各組結果中項目所屬的因素，以及該項目在前述中所發現的區辨方向。

**表四十四　性侵、非行、一般組之雙因素分析結果，以及項目具有的區辨力**

| 項目 | 項目內容 | 所屬因素（因素負荷量） | | | 區辨方向 |
| | | 性侵組 | 非行組 | 一般組 | |
|---|---|---|---|---|---|
| KSRS 第 001 題 | 我常喝酒。 | 因素一（0.352） | 因素一（0.391） | 因素一（0.347） | 性侵 > 一般 |
| KSRS 第 004 題 | 我一個月就會有一次對性生活的渴望。 | 因素一（0.505） | 因素一（0.593） | 因素一（0.571） | 非行 > 性侵 |
| KSRS 第 006 題 | 我認為犯強姦罪的人事後不會感到後悔。 | 因素一（0.328） | 因素二（0.112） | 因素二（0.236） | 一般 > 性侵 非行 > 性侵 |

**表四十四　性侵、非行、一般組之雙因素分析結果，以及項目具有的區辨力（續）**

| 項目 | 項目內容 | 所屬因素（因素負荷量） | | | 區辨方向 |
|------|----------|-----------|-----------|-----------|----------|
| | | 性侵組 | 非行組 | 一般組 | |
| KSRS 第008題 | 犯了強姦罪的人應該感到自己像是動物，不是人。 | 因素二（0.337） | 因素二（0.294） | 因素二（0.501） | 一般＞性侵 |
| KSRS 第011題 | 如果看到了異性的大腿，我就會興奮得不得了。 | 因素一（0.556） | 因素一（0.540） | 因素一（0.526） | 一般＞性侵 非行＞性侵 |
| KSRS 第014題 | 我反對男尊女卑的傳統觀念。 | 因素二（0.334） | 因素二（0.240） | 因素二（0.239） | 一般＞性侵 |
| KSRS 第016題 | 我覺得犯了強姦罪的人應該下地獄。 | 因素二（0.502） | 因素二（0.366） | 因素二（0.538） | 一般＞性侵 |
| KSRS 第017題 | 我覺得周圍的人看不起我。 | 因素一（0.496） | 因素一（0.332） | 因素一（0.247） | 性侵＞一般 |
| KSRS 第019題 | 如果看到了異性的裸體照片，我的性衝動就強得無法控制。 | 因素一（0.589） | 因素一（0.559） | 因素一（0.695） | 非行＞性侵 |
| KSRS 第022題 | 強姦行為要用閹割的重罰才能讓犯者不再犯。 | 因素二（0.393） | 因素二（0.292） | 因素二（0.445） | 一般＞性侵 |
| KSRS 第023題 | 從小學或國中時代，我就有習慣常常喝酒。 | 因素一（0.427） | 因素一（0.383） | 因素一（0.371） | 性侵＞一般 非行＞性侵 |
| KSRS 第024題 | 如果犯強姦罪的人會被判死刑，我就絕對不會做這種行為。 | 因素二（0.272） | 因素二（0.225） | 因素二（0.276） | 一般＞性侵 |
| KSRS 第027題 | 如果有一位異性要我強姦他，我是不會拒絕的。 | 因素一（0.619） | 因素一（0.662） | 因素一（0.661） | 非行＞性侵 |

表四十四　性侵、非行、一般組之雙因素分析結果，以及項目具有的區辨力（續）

| 項目 | 項目內容 | 所屬因素（因素負荷量） | | | 區辨方向 |
| --- | --- | --- | --- | --- | --- |
| | | 性侵組 | 非行組 | 一般組 | |
| KSRS 第028題 | 我使用過毒品。 | 因素一（0.367） | 因素一（0.423） | 因素一（0.136） | 性侵＞一般非行＞性侵機構＞保護&審理 |
| KSRS 第031題 | 我常喝酒之外，也使用一種以上的毒品。 | 因素一（0.469） | 因素一（0.525） | 因素一（0.118） | 非行＞性侵機構＞保護&審理 |
| KSRS 第034題 | 我認為犯強姦罪的人是兩性中的失敗者。 | 因素二（0.602） | 因素二（0.458） | 因素二（0.533） | 一般＞性侵 |
| KSRS 第036題 | 用「三字經」粗話罵人時，我有性的滿足感。 | 因素一（0.489） | 因素一（0.328） | 因素一（0.218） | 非行＞性侵 |
| KSRS 第038題 | 從小學或國中時代，我好幾次偷拿父母的印章去蓋學校聯絡簿或成績單。 | 因素一（0.338） | 因素一（0.340） | 因素一（0.326） | 非行＞性侵機構＞保護&審理 |
| KSRS 第039題 | 我覺得犯了強姦罪的人應該接受閹割手術，讓他絕子絕孫。 | 因素二（0.374） | 因素二（0.302） | 因素二（0.555） | 一般＞性侵非行＞性侵 |
| KSRS 第046題 | 我相信自己的能力不比別人低。 | 因素二（0.393） | 因素二（0.408） | 因素二（0.250） | 一般＞性侵合意＞強制 |
| KSRS 第047題 | 晚上我比較容易性衝動。 | 因素一（0.409） | 因素一（0.603） | 因素一（0.668） | 非行＞性侵 |
| KSRS 第049題 | 從小學或國中時代，我就常常逃學。 | 因素一（0.451） | 因素一（0.417） | 因素一（0.374） | 性侵＞一般非行＞性侵機構＞保護&審理 |

**表四十四　性侵、非行、一般組之雙因素分析結果，以及項目具有的區辨力（續）**

| 項目 | 項目內容 | 所屬因素（因素負荷量） | | | 區辨方向 |
|---|---|---|---|---|---|
| | | 性侵組 | 非行組 | 一般組 | |
| KSRS 第051題 | 我過去使用過安非他命。 | 因素二（−0.376） | 因素一（0.338） | 因素一（0.161） | 非行＞性侵 機構＞保護&審理 |
| KSRS 第052題 | 希望與很喜歡的異性交往時，我經常會想到不管對方肯不肯，只要能把他（她）搶到手就好了。 | 因素一（0.371） | 因素一（0.463） | 因素一（0.455） | 非行＞性侵 |
| KSRS 第053題 | 這一生我絕不會再做強姦行為。 | 因素二（0.373） | 因素二（0.240） | 因素二（0.158） | 性侵＞一般 性侵＞非行 |
| KSRS 第055題 | 有性需要時，我一定要和異性發生關係心情才能安定下來。 | 因素一（0.660） | 因素一（0.564） | 因素一（0.460） | 非行＞性侵 |
| KSRS 第058題 | 我認為把異性看做滿足性慾對象的人才會強姦異性。 | 因素二（0.385） | 因素一（0.406） | 因素二（0.247） | 一般＞性侵 |
| KSRS 第059題 | 假如有一群黑社會人士用刀槍威脅我說：如果我不強姦站在我面前的一位很性感的異性，我就必死；這時候我還是不強姦他（她）。 | 因素二（0.313） | 因素二（0.199） | 因素一（−0.320） | 性侵＞非行 |
| KSRS 第060題 | 我覺得自己是個沒有價值的人。 | 因素一（0.445） | 因素一（0.252） | 因素一（0.177） | 性侵＞一般 |

表四十四　性侵、非行、一般組之雙因素分析結果，以及項目具有的區辨力（續）

| 項目 | 項目內容 | 所屬因素（因素負荷量） | | | 區辨方向 |
| --- | --- | --- | --- | --- | --- |
| | | 性侵組 | 非行組 | 一般組 | |
| KSRS 第061題 | 性慾望是一種本能，沒有人能擋得住它。 | 因素一（0.401） | 因素一（0.467） | 因素一（0.487） | 非行＞性侵 |
| KSRS 第064題 | 我認為會強姦異性的人都是無法控制自己性衝動的人。 | 因素二（0.448） | 因素二（0.474） | 因素二（0.444） | 一般＞性侵 |
| KSRS 第065題 | 我一個禮拜就會有一次對性生活的渴望。 | 因素一（0.647） | 因素一（0.653） | 因素一（0.667） | 非行＞性侵 |
| KSRS 第066題 | 從小學或國中時代起，我已兩次或兩次以上離家出走，在外過夜，且數日不歸。 | 因素一（0.233） | 因素一（0.463） | 因素一（0.206） | 性侵＞一般非行＞性侵機構＞保護＆審理 |
| KSRS 第070題 | 每談到升學考試時，我經常會想到聯考是一種競爭，為了拿到高分，只要不被發現，作弊也可以。 | 因素一（0.654） | 因素一（0.406） | 因素一（0.559） | 一般＞性侵非行＞性侵機構＞保護＆審理 |
| KSRS 第074題 | 看了A片電影、電視後，我很快就會有性衝動。 | 因素一（0.520） | 因素一（0.759） | 因素一（0.665） | 一般＞性侵非行＞性侵 |
| KSRS 第079題 | 如果看到異性半露的胸部，我就會興奮得不得了。 | 因素一（0.701） | 因素一（0.730） | 因素一（0.694） | 一般＞性侵非行＞性侵強制＞合意 |
| KSRS 第083題 | 我的性慾望很強烈，當慾望來時什麼工作我都無法把它做好。 | 因素一（0.469） | 因素一（0.664） | 因素一（0.541） | 非行＞性侵 |

**表四十四 性侵、非行、一般組之雙因素分析結果，以及項目具有的區辨力（續）**

| 項目 | 項目內容 | 所屬因素（因素負荷量） | | | 區辨方向 |
| --- | --- | --- | --- | --- | --- |
| | | 性侵組 | 非行組 | 一般組 | |
| KSRS 第086題 | 我認為會犯強姦的人都是自卑感強的人。 | 因素一（0.311） | 因素二（0.430） | 因素二（0.424） | 一般＞性侵 |
| KSRS 第087題 | 每兩三個禮拜，我就會有一次強烈的性慾望。 | 因素一（0.561） | 因素一（0.668） | 因素一（0.619） | 非行＞性侵 |
| KSRS 第090題 | 當有人批評我時，我經常會想到他們是偽君子真可惡，將來我會以兩倍的代價讓他們難過。 | 因素一（0.489） | 因素一（0.611） | 因素一（0.430） | 非行＞性侵 |
| KSRS 第101題 | 我希望天天有機會和異性發生性關係。 | 因素一（0.647） | 因素一（0.726） | 因素一（0.654） | 非行＞性侵 |
| KSRS 第102題 | 我相信自己也有一些長處。 | 因素二（0.486） | 因素二（0.483） | 因素二（0.226） | 一般＞性侵 |
| KSRS 第103題 | 我認為會犯強姦罪的人都是攻擊心很強的人。 | 因素一（0.341） | 因素二（0.343） | 因素二（0.432） | 一般＞性侵 非行＞性侵 |
| KSRS 第104題 | 每年在某一季節我想做強姦行為的衝動就特別強。 | 因素一（0.455） | 因素一（0.563） | 因素一（0.488） | 強制＞合意 |
| KSRS 第106題 | 異性的化粧用香水很容易引起我的性衝動。 | 因素一（0.633） | 因素一（0.646） | 因素一（0.598） | 非行＞性侵 |
| KSRS 第109題 | 我相信犯了強姦罪的人一定是因他的生理條件很特別，無法控制自己的性需求。 | 因素一（0.429） | 因素一（0.277） | 因素二（0.297） | 混合＞單純 |

表四十四　性侵、非行、一般組之雙因素分析結果，以及項目具有的區
辨力（續）

| 項目 | 項目內容 | 所屬因素（因素負荷量） | | | 區辨方向 |
| | | 性侵組 | 非行組 | 一般組 | |
|---|---|---|---|---|---|
| KSRS 第112題 | 從小學或國中時代，我就有習慣，只要學校裡發生了讓我不愉快的事，我就帶著書包，不請假自行離開學校。 | 因素一（0.505） | 因素一（0.395） | 因素一（0.331） | 性侵＞一般 非行＞性侵 機構＞保護 ＆審理 混合＞單純 |
| KSRS 第113題 | 在電影裡看到有人被強姦、凌虐，我會感到興奮。 | 因素一（0.526） | 因素一（0.750） | 因素一（0.656） | 非行＞性侵 |
| KSRS 第114題 | 我認為把異性看成洩恨對象的人才會做出強姦行為。 | 因素一（0.443） | 因素一（0.514） | 因素二（0.389） | 一般＞性侵 非行＞性侵 |
| KSRS 第116題 | 喝醉了酒，對於在場的異性我會不規矩起來。 | 因素一（0.591） | 因素一（0.525） | 因素一（0.443） | 非行＞性侵 |
| KSRS 第118題 | 在酒或安非他命，或可壯陽的藥物控制下，大部分的人都會做出強姦行為。 | 因素一（0.351） | 因素一（0.297） | 因素二（0.194） | 一般＞性侵 |
| KSRS 第119題 | 我覺得犯了強姦罪的人根本不值得同情。 | 因素二（0.587） | 因素二（0.541） | 因素二（0.551） | 一般＞性侵 非行＞性侵 |
| KSRS 第121題 | 我認為犯強姦罪的人是對異性有強烈報復心的人。 | 因素一（0.524） | 因素一（0.394） | 因素二（0.388） | 非行＞性侵 |

**表四十四 性侵、非行、一般組之雙因素分析結果，以及項目具有的區辨力（續）**

| 項目 | 項目內容 | 所屬因素（因素負荷量） | | | 區辨方向 |
| --- | --- | --- | --- | --- | --- |
| | | 性侵組 | 非行組 | 一般組 | |
| KSRS 第 123 題 | 在眾人面前需要有所表現時，我經常會想到按照自己的意思表現出來，誰敢說不好，我就找機會修理他。 | 因素一（0.630） | 因素一（0.614） | 因素一（0.454） | 非行＞性侵 |
| KSRS 第 127 題 | 如果世界上有一個國家是每人可以隨心所欲地做強姦行為，我就一定常去那裡享受那種快樂。 | 因素一（0.684） | 因素一（0.686） | 因素一（0.740） | 一般＞性侵 非行＞性侵 |
| KSRS 第 128 題 | 如果我的性慾望被觸發起來，就要經過好幾天，這慾望才會消失。 | 因素一（0.493） | 因素一（0.442） | 因素一（0.494） | 非行＞性侵 |
| KSRS 第 134 題 | 安非他命會使我感到自己有能力。 | 因素一（0.466） | 因素一（0.473） | 因素一（0.325） | 非行＞性侵 |
| KSRS 第 138 題 | 強姦行為可以證明一個人是否男性的雄風。 | 因素一（0.482） | 因素一（0.501） | 因素一（0.379） | 非行＞性侵 |
| KSRS 第 139 題 | 如果這世上只有我和另一位很有性感的異性，他（她）又拒絕和我有親密關係，我就會強姦她（他）。 | 因素一（0.647） | 因素一（0.547） | 因素一（0.617） | 一般＞性侵 非行＞性侵 |

表四十四 性侵、非行、一般組之雙因素分析結果，以及項目具有的區辨力（續）

| 項目 | 項目內容 | 所屬因素（因素負荷量） | | | 區辨方向 |
|------|---------|------------|---------|---------|---------|
| | | 性侵組 | 非行組 | 一般組 | |
| KSRS 第 140 題 | 希望與異性交往時，我經常會想到天下沒有我得不到的異性朋友，如果對方不跟我交往，我就讓他（她）敬酒不吃吃罰酒。 | 因素一（0.456） | 因素一（0.540） | 因素一（0.557） | 非行＞性侵 |
| KSRS 第 141 題 | 我常覺得自己好像做了不應該做的事。 | 因素二（0.216） | 因素一（0.365） | 因素一（0.324） | 性侵＞一般性侵＞非行 |
| KSRS 第 143 題 | 如果我中意的人要強暴我，我會依他。 | 因素一（0.539） | 因素一（0.493） | 因素一（0.664） | 一般＞性侵非行＞性侵 |
| KSRS 第 147 題 | 假如有人用 100 萬台幣雇用我去強姦他的妻子（妻子已被麻痺），我就會去強姦他。 | 因素一（0.687） | 因素一（0.614） | 因素一（0.630） | 一般＞性侵非行＞性侵 |
| KSRS 第 149 題 | 當有某個人說我缺點時，我經常會想到他要好好的給我記住，有機會我一定會讓他很難看。 | 因素一（0.582） | 因素一（0.484） | 因素一（0.513） | 非行＞性侵 |
| KSRS 第 150 題 | 有時，電視節目裡的男女親熱鏡頭，也會使我的性慾強得難以控制。 | 因素一（0.631） | 因素一（0.680） | 因素一（0.571） | 非行＞性侵機構＞保護＆審理 |
| KSRS 第 154 題 | 我的臨機應變能力很強。 | 因素二（0.481） | 因素二（0.441） | 因素二（0.203） | 一般＞性侵 |

表四十四　性侵、非行、一般組之雙因素分析結果，以及項目具有的區辨力（續）

| 項目 | 項目內容 | 所屬因素（因素負荷量） | | | 區辨方向 |
| | | 性侵組 | 非行組 | 一般組 | |
|---|---|---|---|---|---|
| KSRS 第156題 | 從小學或國中時代，我就犯過了幾次校規，被記過。 | 因素一（0.475） | 因素二（0.380） | 因素一（0.353） | 性侵＞一般 |
| KSRS 第157題 | 我不贊成重男輕女的態度。 | 因素二（0.446） | 因素二（0.392） | 因素二（0.281） | 一般＞性侵 |
| KSRS 第158題 | 如果社會秩序很亂，根本沒有警察，我就會做強姦行為。 | 因素一（0.477） | 因素一（0.564） | 因素一（0.639） | 一般＞性侵 非行＞性侵 |
| KSRS 第160題 | 從國中時代，我已經與異性發生過好幾次性關係。 | 因素一（0.427） | 因素一（0.572） | 因素一（0.309） | 性侵＞一般 非行＞性侵 |
| 自我控制 第02題 | 如果有人惹我生氣，那麼即使在公共場合，我也會大罵那個人。 | 因素一（0.472） | 因素一（0.523） | 因素一（0.389） | 非行＞性侵 混合＞單純 |
| 自我控制 第03題 | 我不想生氣，但就是控制不了自己的脾氣。 | 因素一（0.493） | 因素一（0.393） | 因素一（0.276） | 非行＞性侵 |
| 自我控制 第04題 | 我不太能控制自己的負面情緒。 | 因素一（0.537） | 因素一（0.460） | 因素一（0.322） | 非行＞性侵 |
| 自我控制 第06題 | 我做任何事情都很衝動，不會去考慮後果。 | 因素一（0.545） | 因素一（0.463） | 因素一（0.473） | 非行＞性侵 |
| 自我控制 第08題 | 我會去做一些危險而別人不敢做的事。 | 因素一（0.541） | 因素一（0.512） | 因素一（0.527） | 機構＞保護 ＆審理 |
| 自我控制 第09題 | 我覺得刺激及冒險比安全重要。 | 因素一（0.496） | 因素一（0.375） | 因素一（0.471） | 非行＞性侵 |

表四十四　性侵、非行、一般組之雙因素分析結果，以及項目具有的區辨力（續）

| 項目 | 項目內容 | 所屬因素（因素負荷量） | | | 區辨方向 |
| | | 性侵組 | 非行組 | 一般組 | |
|---|---|---|---|---|---|
| 自我控制第 11 題 | 我覺得人生很短暫，應該即時行樂。 | 因素一（0.465） | 因素一（0.377） | 因素一（0.340） | 一般＞性侵非行＞性侵 |
| 自我控制第 14 題 | 我覺得那些腳踏實地的人不夠聰明。 | 因素一（0.450） | 因素一（0.287） | 因素一（0.473） | 非行＞性侵 |
| 自我控制第 15 題 | 我認為大部分的人都會為了順利達成目標而說謊。 | 因素一（0.460） | 因素一（0.380） | 因素一（0.374） | 一般＞性侵 |
| 自我控制第 18 題 | 上課時，我常常被好玩的事所吸引，而沒有聽課。 | 因素一（0.436） | 因素一（0.351） | 因素一（0.352） | 非行＞性侵機構＞保護＆審理 |

　　根據表四十四，以及參考 KSRS 量表原版的量尺分法，最後在 KSRS-YV 中共取得十一個指標，這十一個指標大致上可分為兩群。原本的自我控制量表第 3 題與第 6 題，因為在所屬的指標群中有內容相近的題目，而區辨力也無較突出之處，故為了簡化予以去除。十一個指標分數的名稱與所包含的題目列於表四十五，前六個指標偏向「衝動性指標」，後五個指標偏向「規範性指標」。

表四十五　KSRS-YV 之指標與所包含項目

| 指標名稱 | 包含項目 | 包含項目內容 |
|---|---|---|
| 衝動性指標 | | |
| 指標 01：物質使用 | KSRS 第 001 題 | 我常喝酒。 |
| | KSRS 第 023 題 | 從小學或國中時代，我就有習慣常常喝酒。 |
| | KSRS 第 028 題 | 我使用過毒品。 |

### 表四十五　KSRS-YV 之指標與所包含項目（續）

| 指標名稱 | 包含項目 | 包含項目內容 |
|---|---|---|
| 衝動性指標 | | |
| 指標 01：物質使用 | KSRS 第 031 題 | 我常喝酒之外，也使用一種以上的毒品。 |
| | KSRS 第 051 題 | 我過去使用過安非他命。 |
| | KSRS 第 134 題 | 安非他命會使我感到自己有能力。 |
| 指標 02：自我貶低 | KSRS 第 017 題 | 我覺得周圍的人看不起我。 |
| | KSRS 第 060 題 | 我覺得自己是個沒有價值的人。 |
| | KSRS 第 141 題 | 我常覺得自己好像做了不應該做的事。 |
| 指標 03：反社會傾向 | KSRS 第 004 題 | 我一個月就會有一次對性生活的渴望。 |
| | KSRS 第 029 題 | 在電視或報紙看到搶劫、殺人、綁架時，我經常會想到將來我也要試試看，一定很刺激，令我興奮。 |
| | KSRS 第 038 題 | 從小學或國中時代，我好幾次偷拿父母的印章去蓋學校聯絡簿或成績單。 |
| | KSRS 第 049 題 | 從小學或國中時代，我就常常逃學。 |
| | KSRS 第 052 題 | 希望與很喜歡的異性交往時，我經常會想到不管對方肯不肯，只要能把他（她）搶到手就好了。 |
| | KSRS 第 066 題 | 從小學或國中時代起，我已兩次或兩次以上離家出走，在外過夜，且數日不歸。 |
| | KSRS 第 112 題 | 從小學或國中時代，我就有習慣，只要學校裡發生了讓我不愉快的事，我就帶著書包，不請假自行離開學校。 |
| | KSRS 第 123 題 | 在眾人面前需要有所表現時，我經常會想到按照自己的意思表現出來，誰敢說不好，我就找機會修理他。 |
| | KSRS 第 156 題 | 從小學或國中時代，我就犯過了幾次校規，被記過。 |

## 表四十五 KSRS-YV 之指標與所包含項目（續）

| 指標名稱 | 包含項目 | 包含項目內容 |
|---|---|---|
| 衝動性指標 | | |
| 指標 03：反社會傾向 | KSRS 第 160 題 | 從國中時代，我已經與異性發生過好幾次性關係。 |
| | 自我控制第 08 題 | 我會去做一些危險而別人不敢做的事。 |
| 指標 04：衝動性 | KSRS 第 090 題 | 當有人批評我時，我經常會想到他們是偽君子真可惡，將來我會以兩倍的代價讓他們難過。 |
| | KSRS 第 149 題 | 當有某個人說我缺點時，我經常會想到他要好好的給我記住，有機會我一定會讓他很難看。 |
| | 自我控制第 02 題 | 如果有人惹我生氣，那麼即使在公共場合，我也會大罵那個人。 |
| | 自我控制第 04 題 | 我不太能控制自己的負面情緒。 |
| | 自我控制第 09 題 | 我覺得刺激及冒險比安全重要。 |
| 指標 05：性侵害傾向強 | KSRS 第 011 題 | 如果看到了異性的大腿，我就會興奮得不得了。 |
| | KSRS 第 019 題 | 如果看到了異性的裸體照片，我的性衝動就強得無法控制。 |
| | KSRS 第 027 題 | 如果有一位異性要我強姦他，我是不會拒絕的。 |
| | KSRS 第 036 題 | 用「三字經」粗話罵人時，我有性的滿足感。 |
| | KSRS 第 047 題 | 晚上我比較容易性衝動。 |
| | KSRS 第 055 題 | 有性需要時，我一定要和異性發生關係心情才能安定下來。 |
| | KSRS 第 061 題 | 性慾望是一種本能，沒有人能擋得住它。 |
| | KSRS 第 065 題 | 我一個禮拜就會有一次對性生活的渴望。 |

## 表四十五　KSRS-YV 之指標與所包含項目（續）

| 指標名稱 | 包含項目 | 包含項目內容 |
|---|---|---|
| 衝動性指標 | | |
| 指標 05：<br>性侵害傾向強 | KSRS 第 074 題 | 看了 A 片電影、電視後，我很快就會有性衝動。 |
| | KSRS 第 079 題 | 如果看到異性半露的胸部，我就會興奮得不得了。 |
| | KSRS 第 083 題 | 我的性慾望很強烈，當慾望來時什麼工作我都無法把它做好。 |
| | KSRS 第 087 題 | 每兩三個禮拜，我就會有一次強烈的性慾望。 |
| | KSRS 第 101 題 | 我希望天天有機會和異性發生性關係。 |
| | KSRS 第 104 題 | 每年在某一季節我想做強姦行為的衝動就特別強。 |
| | KSRS 第 106 題 | 異性的化粧用香水很容易引起我的性衝動。 |
| | KSRS 第 109 題 | 我相信犯了強姦罪的人一定是因他的生理條件很特別，無法控制自己的性需求。 |
| | KSRS 第 113 題 | 在電影裡看到有人被強姦、凌虐，我會感到興奮。 |
| | KSRS 第 116 題 | 喝醉了酒，對於在場的異性我會不規矩起來。 |
| | KSRS 第 127 題 | 如果世界上有一個國家是每人可以隨心所欲地做強姦行為，我就一定常去那裡享受那種快樂。 |
| | KSRS 第 128 題 | 如果我的性慾望被觸發起來，就要經過好幾天，這慾望才會消失。 |
| | KSRS 第 138 題 | 強姦行為可以證明一個人是否男性的雄風。 |
| | KSRS 第 139 題 | 如果這世上只有我和另一位很有性感的異性，他（她）又拒絕和我有親密關係，我就會強姦她（他）。 |

## 表四十五 KSRS-YV 之指標與所包含項目（續）

| 指標名稱 | 包含項目 | 包含項目內容 |
|---|---|---|
| 衝動性指標 | | |
| 指標 05：<br>性侵害傾向強 | KSRS 第 140 題 | 希望與異性交往時，我經常會想到天下沒有我得不到的異性朋友，如果對方不跟我交往，我就讓他（她）敬酒不吃吃罰酒。 |
| | KSRS 第 143 題 | 如果我中意的人要強暴我，我會依他。 |
| | KSRS 第 147 題 | 假如有人用 100 萬台幣雇用我去強姦他的妻子（妻子已被麻痺），我就會去強姦他。 |
| | KSRS 第 150 題 | 有時，電視節目裡的男女親熱鏡頭，也會使我的性慾強得難以控制。 |
| | KSRS 第 158 題 | 如果社會秩序很亂，根本沒有警察，我就會做強姦行為。 |
| 指標 06：<br>享樂意願 | KSRS 第 070 題 | 每談到升學考試時，我經常會想到聯考是一種競爭，為了拿到高分，只要不被發現，作弊也可以。 |
| | 自我控制第 11 題 | 我覺得人生很短暫，應該即時行樂。 |
| | 自我控制第 14 題 | 我覺得那些腳踏實地的人不夠聰明。 |
| | 自我控制第 15 題 | 我認為大部分的人都會為了順利達成目標而說謊。 |
| | 自我控制第 18 題 | 上課時，我常常被好玩的事所吸引，而沒有聽課。 |
| 規範性指標 | | |
| 指標 07：<br>性侵者內在問題 | KSRS 第 058 題 | 我認為把異性看做滿足性慾對象的人才會強姦異性。 |
| | KSRS 第 064 題 | 我認為會強姦異性的人都是無法控制自己性衝動的人。 |
| | KSRS 第 086 題 | 我認為會犯強姦的人都是自卑感強的人。 |

表四十五　KSRS-YV 之指標與所包含項目（續）

| 指標名稱 | 包含項目 | 包含項目內容 |
|---|---|---|
| | 規範性指標 | |
| 指標 07：性侵者內在問題 | KSRS 第 103 題 | 我認為會犯強姦罪的人都是攻擊心很強的人。 |
| | KSRS 第 114 題 | 我認為把異性看成洩恨對象的人才會做出強姦行為。 |
| | KSRS 第 121 題 | 我認為犯強姦罪的人是對異性有強烈報復心的人。 |
| 指標 08：性侵害責難 | KSRS 第 006 題 | 我認為犯強姦罪的人事後不會感到後悔。 |
| | KSRS 第 008 題 | 犯了強姦罪的人應該感到自己像是動物，不是人。 |
| | KSRS 第 016 題 | 我覺得犯了強姦罪的人應該下地獄。 |
| | KSRS 第 022 題 | 強姦行為要用閹割的重罰才能讓犯者不再犯。 |
| | KSRS 第 024 題 | 如果犯強姦罪的人會被判死刑，我就絕對不會做這種行為。 |
| | KSRS 第 034 題 | 我認為犯強姦罪的人是兩性中的失敗者。 |
| | KSRS 第 039 題 | 我覺得犯了強姦罪的人應該接受閹割手術，讓他絕子絕孫。 |
| | KSRS 第 118 題 | 在酒或安非他命，或可壯陽的藥物控制下，大部分的人都會做出強姦行為。 |
| | KSRS 第 119 題 | 我覺得犯了強姦罪的人根本不值得同情。 |
| 指標 09：自我效能 | KSRS 第 046 題 | 我相信自己的能力不比別人低。 |
| | KSRS 第 102 題 | 我相信自己也有一些長處。 |
| | KSRS 第 154 題 | 我的臨機應變能力很強。 |

表四十五　KSRS-YV 之指標與所包含項目（續）

| 指標名稱 | 包含項目 | 包含項目內容 |
|---|---|---|
| 規範性指標 | | |
| 指標 10：男女平等態度 | KSRS 第 014 題 | 我反對男尊女卑的傳統觀念。 |
| | KSRS 第 157 題 | 我不贊成重男輕女的態度。 |
| 指標 11：不性侵害強度 | KSRS 第 053 題 | 這一生我絕不會再做強姦行為。 |
| | KSRS 第 059 題 | 假如有一群黑社會人士用刀槍威脅我說：如果我不強姦站在我面前的一位很性感的異性，我就必死；這時候我還是不強姦他（她）。 |

## 四、KSRS-YV 信度檢驗：內部一致性檢驗

　　以全部樣本共 1,000 人以上，進行 KSRS-YV 量表共十一個指標的內部一致性分析。結果顯示，共有六個指標之內部一致性在 .70 以上，顯示具有良好之信度。指標 02、06、08 因為只有 3 題、5 題、3 題，題目數少本身就會使得內部一致性偏低。而指標 09、11 因為皆只有 2 題，所以無法計算內部一致性。詳細結果如表四十六。

表四十六　KSRS-YV 指標分數的內部一致性

| 指標名稱 | 包含題目數 | Cronbach's alpha |
|---|---|---|
| 指標 01：物質使用 | 6 | 0.80 |
| 指標 02：自我貶低 | 3 | 0.57 |
| 指標 03：反社會傾向 | 11 | 0.85 |
| 指標 04：衝動性 | 5 | 0.72 |
| 指標 05：性侵害傾向強 | 27 | 0.93 |
| 指標 06：享樂意願 | 5 | 0.64 |
| 指標 07：性侵者內在問題 | 6 | 0.71 |

表四十六　KSRS-YV 指標分數的內部一致性（續）

| 指標名稱 | 包含題目數 | Cronbach's alpha |
|---|---|---|
| 指標 08：性侵害責難 | 9 | 0.75 |
| 指標 09：自我效能 | 3 | 0.62 |
| 指標 10：男女平等態度 | 2 | -- |
| 指標 11：不性侵害強度 | 2 | -- |

## 五、KSRS-YV-II 指標之再建構

　　由於 KSRS-YV 指標的內部一致性並不令人滿意（尤其是指標 10、11）。第二階段篩題，以 KSRS-YV 之版本作為基礎，針對上述低於 5 題之指標（指標 02、09、10、11）進行增題的動作，另外亦針對指標 05 進行刪題的動作。

　　增題的條件為，同第一階段保留題目之第一項基準，除了區辨性侵組、非行組、一般組之組間差異外，再將廣義性加害組、一般組、廣義受害組具組間差異之題目納入考慮，且其組間差異需與理論預設的方向一致，例如 KSRS 第 26 題「有時我莫名其妙地不安或恐慌起來」雖未在第一階段的篩選中具組間差異，但在第二階段篩選出現組間差異，且差異的方向為「廣義加害組 > 廣義受害組」，參考 KSRS 原版量表的分量尺，可置於指標 02，依此方式，在指標 02 增加了 5 題，總計 8 題，此 8 題與原 KSRS 之「神經質因素」量尺相當接近，故修改此指標之命名為「神經質因素」；在指標 09 增加了 2 題，總計 5 題，此 5 題與原與 KSRS 之「正常量尺」相當接近，故修改此指標之命名為「正常量尺」；在指標 10 增加了 2 題，總計 4 題，仍維持原命名「男女平等態度」；在指標 11「不性侵害強度」則無增題，由於此指標只有 2 題，且其組間差異，亦與理論預設相反（性侵組 > 非行組、性侵組 > 一般組），因此刪除此指標。

　　另外，雖然指標 05 具有良好的內部一致性信度，但相較於其他指標，題目過多，考慮在不影響其信度之情況下刪除部分題目，刪題的條件為，同上述條件，納入廣義性加害組、一般組、廣義受害組具組間差異之題目，且其組間差異需與理論預設的方向一致，然後，僅保留具三項組間差異之題目，刪除僅二項組間差異之題目，如 KSRS 第 011 題在「一般組 > 性侵組」、「非行組 > 性侵組」、「廣義加害組 > 廣義一般組」三項均具組間差異，則予以保留，反之刪除，計可刪除 19 題，其中 KSRS 第 104 題雖然僅有兩項組間差異，但其組間差異符合理論預設（強制 > 性侵、廣義加害 > 廣義一般），亦予以保留，最後保留 9 題。

　　總計 KSRS-YV-Ⅱ篩選出 68 題符合上述條件之題目，如表四十七、表四十八。

表四十七　具有區辨力的 KSRS 項目與自我控制項目

| | 性侵組／一般組 | 性侵組／非行組 | 性侵組內 | 廣義加害組／一般組／受害組 |
|---|:---:|:---:|:---:|:---:|
| KSRS 第 001 題 | ✓ | | ✓ | ✓ |
| KSRS 第 002 題 | | | | ✓ |
| KSRS 第 004 題 | | ✓ | | ✓ |
| KSRS 第 006 題 | ✓ | ✓ | | |
| KSRS 第 008 題 | ✓ | ✓ | | ✓ |
| KSRS 第 011 題 | ✓ | | | |
| KSRS 第 014 題 | ✓ | | | |
| KSRS 第 016 題 | ✓ | | | |
| KSRS 第 017 題 | ✓ | | | |
| KSRS 第 022 題 | ✓ | | | |
| KSRS 第 023 題 | ✓ | ✓ | | ✓ |
| KSRS 第 024 題 | ✓ | | | |
| KSRS 第 026 題 | | | | ✓ |

表四十七　具有區辨力的 KSRS 項目與自我控制項目（續）

| | 性侵組／一般組 | 性侵組／非行組 | 性侵組內 | 廣義加害組／一般組／受害組 |
|---|---|---|---|---|
| KSRS 第 028 題 | ✓ | ✓ | ✓ | |
| KSRS 第 029 題 | | | ✓ | |
| KSRS 第 031 題 | | ✓ | ✓ | |
| KSRS 第 034 題 | ✓ | | | |
| KSRS 第 038 題 | | ✓ | ✓ | ✓ |
| KSRS 第 039 題 | ✓ | ✓ | | ✓ |
| KSRS 第 040 題 | | | | ✓ |
| KSRS 第 041 題 | | | | ✓ |
| KSRS 第 046 題 | ✓ | | ✓ | |
| KSRS 第 049 題 | ✓ | ✓ | ✓ | |
| KSRS 第 051 題 | | ✓ | ✓ | |
| KSRS 第 052 題 | | ✓ | | |
| KSRS 第 057 題 | | | | ✓ |
| KSRS 第 058 題 | ✓ | | | |
| KSRS 第 060 題 | ✓ | | | ✓ |
| KSRS 第 064 題 | ✓ | | | |
| KSRS 第 066 題 | ✓ | ✓ | ✓ | |
| KSRS 第 070 題 | ✓ | ✓ | ✓ | ✓ |
| KSRS 第 074 題 | ✓ | ✓ | | ✓ |
| KSRS 第 079 題 | ✓ | ✓ | ✓ | ✓ |
| KSRS 第 086 題 | ✓ | | | |
| KSRS 第 089 題 | | | | ✓ |
| KSRS 第 090 題 | | ✓ | | ✓ |
| KSRS 第 102 題 | ✓ | | | |
| KSRS 第 103 題 | ✓ | ✓ | | |
| KSRS 第 104 題 | | | ✓ | ✓ |
| KSRS 第 108 題 | | | | ✓ |
| KSRS 第 112 題 | ✓ | ✓ | ✓ | |
| KSRS 第 114 題 | ✓ | ✓ | | |

表四十七 具有區辨力的 KSRS 項目與自我控制項目（續）

| | 性侵組／一般組 | 性侵組／非行組 | 性侵組內 | 廣義加害組／一般組／受害組 |
|---|---|---|---|---|
| KSRS 第 115 題 | | | | ✓ |
| KSRS 第 118 題 | ✓ | | | |
| KSRS 第 119 題 | ✓ | ✓ | | |
| KSRS 第 121 題 | | ✓ | | |
| KSRS 第 123 題 | | ✓ | | ✓ |
| KSRS 第 126 題 | | | | ✓ |
| KSRS 第 127 題 | ✓ | ✓ | | ✓ |
| KSRS 第 134 題 | | ✓ | | |
| KSRS 第 139 題 | ✓ | | | ✓ |
| KSRS 第 141 題 | ✓ | ✓ | | |
| KSRS 第 143 題 | ✓ | ✓ | | ✓ |
| KSRS 第 149 題 | | ✓ | | ✓ |
| KSRS 第 150 題 | | ✓ | ✓ | ✓ |
| KSRS 第 154 題 | ✓ | | | |
| KSRS 第 156 題 | ✓ | | | |
| KSRS 第 157 題 | ✓ | | | |
| KSRS 第 158 題 | ✓ | ✓ | | ✓ |
| KSRS 第 160 題 | ✓ | ✓ | | ✓ |
| 自我控制第 02 題 | | ✓ | ✓ | |
| 自我控制第 04 題 | | ✓ | | ✓ |
| 自我控制第 08 題 | | | ✓ | ✓ |
| 自我控制第 09 題 | | ✓ | | ✓ |
| 自我控制第 11 題 | ✓ | ✓ | | |
| 自我控制第 14 題 | | ✓ | | ✓ |
| 自我控制第 15 題 | ✓ | | | ✓ |
| 自我控制第 18 題 | | ✓ | ✓ | ✓ |

### 表四十八　各項目具有的區辨方向

| 項目 | 項目內容 | 區辨方向 |
|---|---|---|
| KSRS 第 001 題 | 我常喝酒。 | 性侵＞一般<br>合意＞強制<br>廣義加害＞廣義一般 |
| KSRS 第 002 題 | 我善於交際。 | 廣義加害＞廣義受害 |
| KSRS 第 004 題 | 我一個月就會有一次對性生活的渴望。 | 非行＞性侵<br>廣義加害＞廣義一般 |
| KSRS 第 006 題 | 我認為犯強姦罪的人事後不會感到後悔。 | 一般＞性侵<br>非行＞性侵 |
| KSRS 第 008 題 | 犯了強姦罪的人應該感到自己像是動物，不是人。 | 一般＞性侵 |
| KSRS 第 011 題 | 如果看到了異性的大腿，我就會興奮得不得了。 | 一般＞性侵<br>非行＞性侵<br>廣義加害＞廣義一般 |
| KSRS 第 014 題 | 我反對男尊女卑的傳統觀念。 | 一般＞性侵 |
| KSRS 第 016 題 | 我覺得犯了強姦罪的人應該下地獄。 | 一般＞性侵 |
| KSRS 第 017 題 | 我覺得周圍的人看不起我。 | 性侵＞一般 |
| KSRS 第 022 題 | 強姦行為要用閹割的重罰才能讓犯者不再犯。 | 一般＞性侵 |
| KSRS 第 023 題 | 從小學或國中時代，我就有習慣常常喝酒。 | 性侵＞一般<br>非行＞性侵<br>廣義加害＞廣義一般 |
| KSRS 第 024 題 | 如果犯強姦罪的人會被判死刑，我就絕對不會做這種行為。 | 一般＞性侵 |
| KSRS 第 026 題 | 有時我莫名其妙地不安或恐慌起來。 | 廣義加害＞廣義一般 |
| KSRS 第 028 題 | 我使用過毒品。 | 性侵＞一般<br>非行＞性侵<br>機構＞保護＆審理 |
| KSRS 第 029 題 | 在電視或報紙看到搶劫、殺人、綁架時，我經常會想到將來我也要試試看，一定很刺激，令我興奮。 | 機構＞保護＆審理 |

## 表四十八 各項目具有的區辨方向（續）

| 項目 | 項目內容 | 區辨方向 |
|---|---|---|
| KSRS 第 031 題 | 我常喝酒之外，也使用一種以上的毒品。 | 非行＞性侵<br>機構＞保護＆審理 |
| KSRS 第 034 題 | 我認為犯強姦罪的人是兩性中的失敗者。 | 一般＞性侵 |
| KSRS 第 038 題 | 從小學或國中時代，我好幾次偷拿父母的印章去蓋學校聯絡簿或成績單。 | 非行＞性侵<br>機構＞保護＆審理<br>廣義加害＞廣義一般 |
| KSRS 第 039 題 | 我覺得犯了強姦罪的人應該接受閹割手術，讓他絕子絕孫。 | 一般＞性侵<br>非行＞性侵<br>廣義加害＞廣義一般 |
| KSRS 第 040 題 | 我是一個經常會感覺悲傷的人。 | 廣義加害＞廣義一般 |
| KSRS 第 041 題 | 我相信很多異性喜歡跟我在一起。 | 廣義加害＞廣義一般 |
| KSRS 第 046 題 | 我相信自己的能力不比別人低。 | 一般＞性侵<br>合意＞強制 |
| KSRS 第 049 題 | 從小學或國中時代，我就常常逃學。 | 性侵＞一般<br>非行＞性侵<br>機構＞保護＆審理 |
| KSRS 第 051 題 | 我過去使用過安非他命。 | 非行＞性侵<br>機構＞保護＆審理 |
| KSRS 第 052 題 | 希望與很喜歡的異性交往時，我經常會想到不管對方肯不肯，只要能把他（她）搶到手就好了。 | 非行＞性侵 |
| KSRS 第 057 題 | 我有很強的依賴心。 | 廣義加害＞廣義一般 |
| KSRS 第 058 題 | 我認為把異性看做滿足性慾對象的人才會強姦異性。 | 一般＞性侵 |
| KSRS 第 060 題 | 我覺得自己是個沒有價值的人。 | 性侵＞一般<br>廣義加害＞廣義一般 |
| KSRS 第 064 題 | 我認為會強姦異性的人都是無法控制自己性衝動的人。 | 一般＞性侵 |
| KSRS 第 066 題 | 從小學或國中時代起，我已兩次或兩次以上離家出走，在外過夜，且數日不歸。 | 性侵＞一般<br>非行＞性侵<br>機構＞保護＆審理 |

### 表四十八　各項目具有的區辨方向（續）

| 項目 | 項目內容 | 區辨方向 |
|---|---|---|
| KSRS 第 070 題 | 每談到升學考試時，我經常會想到聯考是一種競爭，為了拿到高分，只要不被發現，作弊也可以。 | 一般＞性侵<br>非行＞性侵<br>機構＞保護 & 審理<br>廣義加害＞廣義一般 |
| KSRS 第 074 題 | 看了 A 片電影、電視後，我很快就會有性衝動。 | 一般＞性侵<br>非行＞性侵<br>廣義加害＞廣義一般 |
| KSRS 第 079 題 | 如果看到異性半露的胸部，我就會興奮得不得了。 | 一般＞性侵<br>非行＞性侵<br>強制＞合意<br>廣義加害＞廣義一般 |
| KSRS 第 086 題 | 我認為會犯強姦的人都是自卑感強的人。 | 一般＞性侵 |
| KSRS 第 089 題 | 我常覺得頭腦很紊亂。 | 廣義加害＞廣義一般 |
| KSRS 第 090 題 | 當有人批評我時，我經常會想到他們是偽君子真可惡，將來我會以兩倍的代價讓他們難過。 | 非行＞性侵<br>廣義加害＞廣義一般 |
| KSRS 第 102 題 | 我相信自己也有一些長處。 | 一般＞性侵 |
| KSRS 第 103 題 | 我認為會犯強姦罪的人都是攻擊心很強的人。 | 一般＞性侵<br>非行＞性侵 |
| KSRS 第 104 題 | 每年在某一季節我想做強姦行為的衝動就特別強。 | 強制＞合意<br>廣義加害＞廣義一般 |
| KSRS 第 108 題 | 我比什麼人都缺乏自信心。 | 廣義受害＞廣義一般 |
| KSRS 第 112 題 | 從小學或國中時代，我就有習慣，只要學校裡發生了讓我不愉快的事，我就帶著書包，不請假自行離開學校。 | 性侵＞一般<br>非行＞性侵<br>機構＞保護 & 審理<br>混合＞單純 |
| KSRS 第 114 題 | 我認為把異性看成洩恨對象的人才會做出強姦行為。 | 一般＞性侵<br>非行＞性侵 |
| KSRS 第 115 題 | 女人生來的目的就是為男人傳宗接代。 | 廣義加害＞廣義一般 |

## 表四十八 各項目具有的區辨方向（續）

| 項目 | 項目內容 | 區辨方向 |
|---|---|---|
| KSRS 第 118 題 | 在酒或安非他命，或可壯陽的藥物控制下，大部分的人都會做出強姦行為。 | 一般＞性侵 |
| KSRS 第 119 題 | 我覺得犯了強姦罪的人根本不值得同情。 | 一般＞性侵<br>非行＞性侵 |
| KSRS 第 121 題 | 我認為犯強姦罪的人是對異性有強烈報復心的人。 | 非行＞性侵 |
| KSRS 第 123 題 | 在眾人面前需要有所表現時，我經常會想到按照自己的意思表現出來，誰敢說不好，我就找機會修理他。 | 非行＞性侵<br>廣義加害＞廣義一般 |
| KSRS 第 126 題 | 我相信女人是為了使男人活得快樂而生出來的。 | 廣義加害＞廣義一般 |
| KSRS 第 127 題 | 如果世界上有一個國家是每人可以隨心所欲地做強姦行為，我就一定常去那裡享受那種快樂。 | 一般＞性侵<br>非行＞性侵<br>廣義加害＞廣義一般 |
| KSRS 第 134 題 | 安非他命會使我感到自己有能力。 | 非行＞性侵 |
| KSRS 第 139 題 | 如果這世上只有我和另一位很有性感的異性，他（她）又拒絕和我有親密關係，我就會強姦她（他）。 | 一般＞性侵<br>非行＞性侵<br>廣義加害＞廣義一般 |
| KSRS 第 141 題 | 我常覺得自己好像做了不應該做的事。 | 性侵＞一般<br>性侵＞非行 |
| KSRS 第 143 題 | 如果我中意的人要強暴我，我會依他。 | 一般＞性侵<br>非行＞性侵<br>廣義加害＞廣義一般 |
| KSRS 第 149 題 | 當有某個人說我缺點時，我經常會想到他要好好的給我記住，有機會我一定會讓他很難看。 | 非行＞性侵<br>廣義加害＞廣義一般 |
| KSRS 第 150 題 | 有時，電視節目裡的男女親熱鏡頭，也會使我的性慾強得難以控制。 | 非行＞性侵<br>機構＞保護＆審理<br>廣義加害＞廣義一般 |

### 表四十八　各項目具有的區辨方向（續）

| 項目 | 項目內容 | 區辨方向 |
|---|---|---|
| KSRS 第 154 題 | 我的臨機應變能力很強。 | 一般＞性侵 |
| KSRS 第 156 題 | 從小學或國中時代，我就犯過了幾次校規，被記過。 | 性侵＞一般 |
| KSRS 第 157 題 | 我不贊成重男輕女的態度。 | 一般＞性侵 |
| KSRS 第 158 題 | 如果社會秩序很亂，根本沒有警察，我就會做強姦行為。 | 一般＞性侵<br>非行＞性侵<br>廣義加害＞廣義一般 |
| KSRS 第 160 題 | 從國中時代，我已經與異性發生過好幾次性關係。 | 性侵＞一般<br>非行＞性侵<br>廣義加害＞廣義一般 |
| 自控第 02 題 | 如果有人惹我生氣，那麼即使在公共場合，我也會大罵那個人。 | 非行＞性侵<br>混合＞單純 |
| 自控第 04 題 | 我不太能控制自己的負面情緒。 | 非行＞性侵<br>廣義加害＞廣義一般 |
| 自控第 08 題 | 我會去做一些危險而別人不敢做的事。 | 機構＞保護＆審理<br>廣義加害＞廣義一般 |
| 自控第 09 題 | 我覺得刺激及冒險比安全重要。 | 非行＞性侵<br>廣義加害＞廣義一般 |
| 自控第 11 題 | 我覺得人生很短暫，應該即時行樂。 | 一般＞性侵<br>非行＞性侵<br>廣義加害＞廣義一般 |
| 自控第 14 題 | 我覺得那些腳踏實地的人不夠聰明。 | 非行＞性侵<br>廣義加害＞廣義一般 |
| 自控第 15 題 | 我認為大部分的人都會為了順利達成目標而說謊。 | 一般＞性侵<br>廣義加害＞廣義一般 |
| 自控第 18 題 | 上課時，我常常被好玩的事所吸引，而沒有聽課。 | 非行＞性侵<br>機構＞保護＆審理<br>廣義加害＞廣義一般 |

最後在 KSRS-YV-Ⅱ 中共取得十個指標，並將這十個指標視為分量尺，其名稱與所包含的題目列於表四十九，同 KSRS-YV 將這十個指標分為兩群，前六個指標偏向「衝動性指標」，後四個指標偏向「規範性指標」。

再將原 KSRS 中「自評作答可靠度量尺」併入 KSRS−YV−Ⅱ中，雖然此量尺在不同組別間幾乎沒有差異，但此量尺在臨床實務上具有獨特的意義，可以顯示受試者在此份量尺上之反映是否可信，為一個測量有效性的指標。因此，將「自評作答可靠度」的 6 題加入，形成一個 74 題，有十個動態性別關係量尺與一個效度量尺的簡版 KSRS−YV−Ⅱ。

## 表四十九 KSRS−YV−Ⅱ 之量尺與所包含項目

| 量尺名稱 | 包含項目 | 包含項目內容 |
|---|---|---|
| | 衝動性指標 | |
| 第一量尺：物質使用 | KSRS 第 001 題 | 我常喝酒。 |
| | KSRS 第 023 題 | 從小學或國中時代，我就有習慣常常喝酒。 |
| | KSRS 第 028 題 | 我使用過毒品。 |
| | KSRS 第 031 題 | 我常喝酒之外，也使用一種以上的毒品。 |
| | KSRS 第 051 題 | 我過去使用過安非他命。 |
| | KSRS 第 134 題 | 安非他命會使我感到自己有能力。 |
| 第二量尺：神經質因素 | KSRS 第 017 題 | 我覺得周圍的人看不起我。 |
| | KSRS 第 026 題 | 有時我莫名其妙地不安或恐慌起來。 |
| | KSRS 第 040 題 | 我是一個經常會感覺悲傷的人。 |
| | KSRS 第 057 題 | 我有很強的依賴心。 |
| | KSRS 第 060 題 | 我覺得自己是個沒有價值的人。 |
| | KSRS 第 089 題 | 我常覺得頭腦很紊亂。 |
| | KSRS 第 108 題 | 我比什麼人都缺乏自信心。 |
| | KSRS 第 141 題 | 我常覺得自己好像做了不應該做的事。 |
| 第三量尺：反社會傾向 | KSRS 第 004 題 | 我一個月就會有一次對性生活的渴望。 |
| | KSRS 第 029 題 | 在電視或報紙看到搶劫、殺人、綁架時，我經常會想到將來我也要試試看，一定很刺激，令我興奮。 |

### 表四十九 KSRS-YV-II 之量尺與所包含項目（續）

| 量尺名稱 | 包含項目 | 包含項目內容 |
|---|---|---|
| | 衝動性指標 | |
| 第三量尺：反社會傾向 | KSRS 第 038 題 | 從小學或國中時代，我好幾次偷拿父母的印章去蓋學校聯絡簿或成績單。 |
| | KSRS 第 049 題 | 從小學或國中時代，我就常常逃學。 |
| | KSRS 第 052 題 | 希望與很喜歡的異性交往時，我經常會想到不管對方肯不肯，只要能把他（她）搶到手就好了。 |
| | KSRS 第 066 題 | 從小學或國中時代起，我已兩次或兩次以上離家出走，在外過夜，且數日不歸。 |
| | KSRS 第 112 題 | 從小學或國中時代，我就有習慣，只要學校裡發生了讓我不愉快的事，我就帶著書包，不請假自行離開學校。 |
| | KSRS 第 123 題 | 在眾人面前需要有所表現時，我經常會想到按照自己的意思表現出來，誰敢說不好，我就找機會修理他。 |
| | KSRS 第 156 題 | 從小學或國中時代，我就犯過了幾次校規，被記過。 |
| | KSRS 第 160 題 | 從國中時代，我已經與異性發生過好幾次性關係。 |
| | 自我控制第 08 題 | 我會去做一些危險而別人不敢做的事。 |
| 第四量尺：衝動性 | KSRS 第 090 題 | 當有人批評我時，我經常會想到他們是偽君子真可惡，將來我會以兩倍的代價讓他們難過。 |
| | KSRS 第 149 題 | 當有某個人說我缺點時，我經常會想到他要好好的給我記住，有機會我一定會讓他很難看。 |
| | 自我控制第 02 題 | 如果有人惹我生氣，那麼即使在公共場合，我也會大罵那個人。 |
| | 自我控制第 04 題 | 我不太能控制自己的負面情緒。 |
| | 自我控制第 09 題 | 我覺得刺激及冒險比安全重要。 |

表四十九 KSRS-YV-II 之量尺與所包含項目（續）

| 量尺名稱 | 包含項目 | 包含項目內容 |
|---|---|---|
| | 衝動性指標 | |
| 第五量尺：性侵害傾向強 | KSRS 第 011 題 | 如果看到了異性的大腿，我就會興奮得不得了。 |
| | KSRS 第 074 題 | 看了 A 片電影、電視後，我很快就會有性衝動。 |
| | KSRS 第 079 題 | 如果看到異性半露的胸部，我就會興奮得不得了。 |
| | KSRS 第 104 題 | 每年在某一季節我想做強姦行為的衝動就特別強。 |
| | KSRS 第 127 題 | 如果世界上有一個國家是每人可以隨心所欲地做強姦行為，我就一定常去那裡享受那種快樂。 |
| | KSRS 第 139 題 | 如果這世上只有我和另一位很有性感的異性，他（她）又拒絕和我有親密關係，我就會強姦她（他）。 |
| | KSRS 第 143 題 | 如果我中意的人要強暴我，我會依他。 |
| | KSRS 第 150 題 | 有時，電視節目裡的男女親熱鏡頭，也會使我的性慾強得難以控制。 |
| | KSRS 第 158 題 | 如果社會秩序很亂，根本沒有警察，我就會做強姦行為。 |
| 第六量尺：享樂意願 | KSRS 第 070 題 | 每談到升學考試時，我經常會想到聯考是一種競爭，為了拿到高分，只要不被發現，作弊也可以。 |
| | 自我控制第 11 題 | 我覺得人生很短暫，應該即時行樂。 |
| | 自我控制第 14 題 | 我覺得那些腳踏實地的人不夠聰明。 |
| | 自我控制第 15 題 | 我認為大部分的人都會為了順利達成目標而說謊。 |
| | 自我控制第 18 題 | 上課時，我常常被好玩的事所吸引，而沒有聽課。 |

## 表四十九 KSRS-YV-II 之量尺與所包含項目（續）

| 量尺名稱 | 包含項目 | 包含項目內容 |
|---|---|---|
| | 規範性指標 | |
| 第七量尺：<br>性侵者內<br>在問題 | KSRS 第 058 題 | 我認為把異性看做滿足性慾對象的人才會強姦異性。 |
| | KSRS 第 064 題 | 我認為會強姦異性的人都是無法控制自己性衝動的人。 |
| | KSRS 第 086 題 | 我認為會犯強姦的人都是自卑感強的人。 |
| | KSRS 第 103 題 | 我認為會犯強姦罪的人都是攻擊心很強的人。 |
| | KSRS 第 114 題 | 我認為把異性看成洩恨對象的人才會做出強姦行為。 |
| | KSRS 第 121 題 | 我認為犯強姦罪的人是對異性有強烈報復心的人。 |
| 第八量尺：<br>性侵害責<br>難 | KSRS 第 006 題 | 我認為犯強姦罪的人事後不會感到後悔。 |
| | KSRS 第 008 題 | 犯了強姦罪的人應該感到自己像是動物，不是人。 |
| | KSRS 第 016 題 | 我覺得犯了強姦罪的人應該下地獄。 |
| | KSRS 第 022 題 | 強姦行為要用閹割的重罰才能讓犯者不再犯。 |
| | KSRS 第 024 題 | 如果犯強姦罪的人會被判死刑，我就絕對不會做這種行為。 |
| | KSRS 第 034 題 | 我認為犯強姦罪的人是兩性中的失敗者。 |
| | KSRS 第 039 題 | 我覺得犯了強姦罪的人應該接受閹割手術，讓他絕子絕孫。 |
| | KSRS 第 118 題 | 在酒或安非他命，或可壯陽的藥物控制下，大部分的人都會做出強姦行為。 |
| | KSRS 第 119 題 | 我覺得犯了強姦罪的人根本不值得同情。 |
| 第九量尺：<br>正常量尺 | KSRS 第 002 題 | 我善於交際。 |
| | KSRS 第 041 題 | 我相信很多異性喜歡跟我在一起。 |
| | KSRS 第 046 題 | 我相信自己的能力不比別人低。 |
| | KSRS 第 102 題 | 我相信自己也有一些長處。 |
| | KSRS 第 154 題 | 我的臨機應變能力很強。 |

### 表四十九 KSRS-YV-II 之量尺與所包含項目（續）

| 量尺名稱 | 包含項目 | 包含項目內容 |
|---|---|---|
| 規範性指標 | | |
| 第十量尺：男女平等態度 | KSRS 第 014 題 | 我反對男尊女卑的傳統觀念。 |
| | KSRS 第 115 題（反） | 女人生來的目的就是為男人傳宗接代。 |
| | KSRS 第 126 題（反） | 我相信女人是為了使男人活得快樂而生出來的。 |
| | KSRS 第 157 題 | 我不贊成重男輕女的態度。 |
| 效度量尺 | | |
| 第十一量尺：自評作答可靠度 | KSRS 第 082 題 | 以上我所做的回答都是可靠的。 |
| | KSRS 第 093 題 | 以上我所做的回答都非常可靠。 |
| | KSRS 第 111 題 | 以上我所做的回答都相當可靠。 |
| | KSRS 第 130 題（反） | 以上我所做的回答都非常不可靠。 |
| | KSRS 第 148 題（反） | 以上我所做的回答都相當不可靠。 |
| | KSRS 第 162 題（反） | 以上我所做的回答都不可靠。 |

## 六、KSRS-YV-II 信度檢驗：內部一致性檢驗

以全部樣本共 1,000 人以上，進行 KSRS-YV-II 量表共十一個量尺的內部一致性分析。結果顯示，共有八個量尺之內部一致性在 .70 以上，顯示具有良好之信度。第六、第九與第十量尺因為題目數偏少，本身就會使得內部一致性偏低。詳細結果如表五十。

### 表五十 KSRS-YV-II 量尺分數的內部一致性

| 量尺名稱 | 包含題目數 | Cronbach's alpha |
|---|---|---|
| 第一量尺：物質使用 | 6 | 0.803 |
| 第二量尺：神經質因素 | 8 | 0.790 |
| 第三量尺：反社會傾向 | 11 | 0.853 |
| 第四量尺：衝動性 | 5 | 0.718 |
| 第五量尺：性侵害傾向強 | 9 | 0.864 |

表五十　KSRS-YV-II量尺分數的內部一致性（續）

| 量尺名稱 | 包含題目數 | Cronbach's alpha |
|---|---|---|
| 第六量尺：享樂意願 | 5 | 0.640 |
| 第七量尺：性侵者內在問題 | 6 | 0.709 |
| 第八量尺：性侵害責難 | 9 | 0.746 |
| 第九量尺：正常量尺 | 5 | 0.649 |
| 第十量尺：男女平等態度 | 4 | 0.543 |
| 第十一量尺：自評作答可靠度 | 6 | 0.800 |

## 七、KSRS-YV-II效度檢驗：幅合效度與內容效度分析

　　將十一個量尺分數計算出來後，做相關分析以檢驗指標之間的關聯性（表五十一）。結果發現，衝動性指標中的第一（物質使用）、第三（反社會傾向）、第四（衝動性）、第五（性侵害傾向強）與第六（享樂意願）量尺五個量尺分數之間，除了物質使用與享樂意願間之外，都有中度以上的正相關（物質使用與反社會傾向有高度正相關）。第二量尺（神經質因素）則只與第四、第六量尺間有中度正相關。第一與第三量尺雖然相關高，反映出有高度反社會傾向的人就有較高的可能性曾使用過酒精與毒品，但此兩者可能各有其獨自對性侵害行為人的辨識力，因此不考慮結合。其他概念則內容品質不同，對性侵害行為人的描寫也可以更多樣性，因此也不考慮合併。

　　規範性指標的四個量尺分數中，僅有第七量尺（性侵者內在問題）與第八（性侵害責難）、第九（正常）量尺則有中度正相關，其餘彼此間只有低度正相關。綜合而言，規範性指標內的量尺較偏向各自獨立。

　　在衝動性指標與規範性指標之間，大部分都在低度相關的範圍內（−0.30到0.30），由於統計的人數眾多，因此其顯著性應不具太多意義。

表五十一　KSRS-YV-II量尺間之相關係數

| | 量尺01 | 量尺02 | 量尺03 | 量尺04 | 量尺05 | 量尺06 | 量尺07 | 量尺08 | 量尺09 | 量尺10 |
|---|---|---|---|---|---|---|---|---|---|---|
| 量尺02 | 0.20*** | | | | | | | | | |
| 量尺03 | 0.76*** | 0.29*** | | | | | | | | |
| 量尺04 | 0.39*** | 0.48*** | 0.56*** | | | | | | | |
| 量尺05 | 0.46*** | 0.28*** | 0.59*** | 0.54*** | | | | | | |
| 量尺06 | 0.28*** | 0.42*** | 0.43*** | 0.61*** | 0.50*** | | | | | |
| 量尺07 | 0.17*** | 0.23*** | 0.24*** | 0.29*** | 0.29*** | 0.34*** | | | | |
| 量尺08 | −0.01 | 0.11*** | 0.02 | 0.20*** | 0.11*** | 0.20*** | 0.52*** | | | |
| 量尺09 | 0.16*** | 0.02 | 0.23*** | 0.18*** | 0.21*** | 0.23*** | 0.33*** | 0.22*** | | |
| 量尺10 | −0.29*** | −0.02 | −0.33*** | −0.19*** | −0.29*** | −0.10*** | 0.08 | 0.11*** | 0.18*** | |
| 量尺11 | −0.10*** | −0.06 | −0.10*** | −0.13*** | −0.18*** | −0.06 | 0.14*** | 0.12*** | 0.29*** | 0.33*** |

惟第七量尺（性侵者內在問題）只和第六量尺有中度正相關；第十量尺
（男女平等態度）和第三量尺（反社會傾向）則有中度負相關；第十一
量尺（自評作答可靠性）和第十量尺（男女平等態度）有中度正相關。

## 八、KSRS-YV-Ⅱ效度檢驗：區辨效度 1（在性別間的差異）

以性別進行獨立樣本 T 檢定，檢視在 KSRS-YV-Ⅱ中所得的十一
個心理動態危險因子指標是否也有性別差異（表五十二）。同樣考量到
不同組間的性別分布過於不平均，只挑選一般組的樣本進行。

十一個量尺中有顯著性別差異的量尺共有九個，其中男性分數顯著
高於女性的為第一（物質使用）、第三（反社會傾向）、第四（衝動性）、
第五（性侵害傾向強）、第六（享樂意願）、第七（性侵者內在問題）
與第九（正常）量尺等，而女性顯著高於男性的則只有第十（男女平等
態度）量尺。因此結果顯示，一般青少年男性比女性有較多的酒精毒品
使用經驗、較高的反社會傾向、較多的衝動性、較強的性侵害傾向、心
態較贊成享樂與好逸惡勞、較同意性侵害者的自我規範能力較差，也有
較高的正常感。而青少年女性則有較強的男女平等態度。

表五十二　KSRS-YV-Ⅱ量尺分數在性別上的 T 檢定

| | 性別 | 樣本數 | 平均值 | 標準差 | t 值 |
|---|---|---|---|---|---|
| 第一量尺：物質使用 | 男 | 435 | 7.79 | 3.11 | 3.84*** |
| | 女 | 415 | 7.08 | 2.23 | |
| 第二量尺：神經質因素 | 男 | 433 | 18.30 | 7.32 | −0.47 |
| | 女 | 415 | 18.54 | 7.69 | |
| 第三量尺：反社會傾向 | 男 | 426 | 17.96 | 6.77 | 9.88*** |
| | 女 | 406 | 14.07 | 4.37 | |

表五十二 KSRS-YV-Ⅱ量尺分數在性別上的 T 檢定（續）

| | 性別 | 樣本數 | 平均值 | 標準差 | t值 |
|---|---|---|---|---|---|
| 第四量尺：衝動性 | 男 | 427 | 11.37 | 5.33 | 5.61*** |
| | 女 | 406 | 9.47 | 4.46 | |
| 第五量尺：性侵害傾向強 | 男 | 427 | 18.08 | 8.63 | 15.32*** |
| | 女 | 406 | 11.02 | 3.93 | |
| 第六量尺：享樂意願 | 男 | 428 | 13.10 | 5.35 | 5.57*** |
| | 女 | 407 | 11.21 | 4.38 | |
| 第七量尺：性侵者內在問題 | 男 | 433 | 18.80 | 6.76 | 4.48*** |
| | 女 | 415 | 16.83 | 6.05 | |
| 第八量尺：性侵害責難 | 男 | 433 | 32.09 | 9.67 | 1.81 |
| | 女 | 413 | 30.92 | 9.24 | |
| 第九量尺：正常量尺 | 男 | 434 | 20.40 | 4.99 | 6.09*** |
| | 女 | 414 | 18.33 | 4.89 | |
| 第十量尺：男女平等態度 | 男 | 434 | 19.73 | 4.03 | −8.25*** |
| | 女 | 410 | 21.78 | 3.16 | |
| 第十一量尺：自評作答可靠度 | 男 | 428 | 30.69 | 6.23 | −1.65 |
| | 女 | 407 | 31.38 | 5.76 | |

*** $p < 0.001$

## 九、KSRS-YV-Ⅱ效度檢驗：區辨效度 2（組間差異）

利用單因子變異數分析，將此十一個量尺放入組間（性侵組、非行組、一般組）比較之中（表五十三）。結果發現除了自評作答可靠度之外，衝動性與規範性指標的十個量尺都有組間差異。在第一量尺的物質使用上面，全部三組都有差異存在，由非行組報告最常使用，其次為性侵害組，一般國高中生報告最少。在第二量尺上面，性侵害組顯著地比一般青少年有較高的神經質。在第三量尺的反社會傾向上三組皆有差異，最高為非行組，其次依序為性侵害組與一般組。在第四量尺上，非行組比另外兩組有顯著較多的衝動性。在第五量尺上所顯示的，非行組

與一般組都顯著地比性侵害組報告出較強的性侵害傾向，可能推論為性侵害組有掩飾自己的表現。在第六量尺的享樂意願中也一樣，顯示出性侵害組比另外兩組有較低的分數，可能顯示青少年性侵害行為人希望能夠表現出願意腳踏實地、認真的態度。在第七量尺上也有類似的狀況，性侵害組與另外兩組相比，較不認為性侵害行為與個人的自我規範能力較差有關，可能是試圖解釋沒有縱容自己犯下性侵害行為。第八量尺中三組都有顯著差異，顯示一般青少年最同意犯下性侵害的人應該受到懲罰，其次為非行少年，最少的則是性侵害組。在第九量尺中，性侵害組明顯比一般組更覺得自己許多表現不如人。在第十量尺中，非行組和性侵害組都同樣地比一般青少年有較多的男女不平等觀念。

### 表五十三 KSRS-YV-II 各量尺分數在三組樣本上的 ANOVA

| | 組別 | 樣本數 | 平均值 | 標準差 | F 值 | 事後檢定 |
|---|---|---|---|---|---|---|
| 第一量尺：物質使用 | 性侵害 | 188 | 10.44 | 5.10 | 116.60*** | 非行 > 性侵害 |
| | 非行 | 205 | 15.49 | 7.13 | | 非行 > 一般 |
| | 一般 | 256 | 7.96 | 3.40 | | 性侵害 > 一般 |
| 第二量尺：神經質因素 | 性侵害 | 188 | 20.85 | 8.00 | 5.06** | 性侵 > 一般 |
| | 非行 | 205 | 19.40 | 7.67 | | |
| | 一般 | 255 | 18.50 | 7.48 | | |
| 第三量尺：反社會傾向 | 性侵害 | 187 | 24.28 | 9.36 | 123.20*** | 非行 > 性侵害 |
| | 非行 | 202 | 32.06 | 10.85 | | 非行 > 一般 |
| | 一般 | 248 | 18.69 | 6.79 | | 性侵害 > 一般 |
| 第四量尺：衝動性 | 性侵害 | 87 | 9.83 | 4.54 | 16.94*** | 非行 > 性侵害 |
| | 非行 | 202 | 13.46 | 5.29 | | 非行 > 一般 |
| | 一般 | 250 | 11.53 | 5.22 | | |
| 第五量尺：性侵害傾向強 | 性侵害 | 188 | 15.28 | 6.27 | 20.94*** | 非行 > 性侵害 |
| | 非行 | 203 | 20.55 | 8.69 | | 一般 > 性侵害 |
| | 一般 | 250 | 18.91 | 9.07 | | |

表五十三 KSRS-YV- II 各量尺分數在三組樣本上的 ANOVA（續）

| | 組別 | 樣本數 | 平均值 | 標準差 | F 值 | 事後檢定 |
|---|---|---|---|---|---|---|
| 第六量尺：享樂意願 | 性侵害 | 87 | 10.49 | 4.12 | 14.35*** | 非行＞性侵害 |
| | 非行 | 199 | 13.94 | 5.17 | | 一般＞性侵害 |
| | 一般 | 250 | 13.48 | 5.48 | | |
| 第七量尺：性侵者內在問題 | 性侵害 | 188 | 15.34 | 6.18 | 18.25*** | 非行＞性侵害 |
| | 非行 | 205 | 18.71 | 7.13 | | 一般＞性侵害 |
| | 一般 | 255 | 18.91 | 6.64 | | |
| 第八量尺：性侵害責難 | 性侵害 | 188 | 25.72 | 8.58 | 31.24*** | 一般＞非行 |
| | 非行 | 205 | 29.53 | 8.88 | | 一般＞性侵害 |
| | 一般 | 254 | 32.69 | 9.79 | | 非行＞性侵害 |
| 第九量尺：正常量尺 | 性侵害 | 188 | 18.59 | 4.91 | 10.60*** | 一般＞性侵害 |
| | 非行 | 206 | 19.65 | 5.04 | | |
| | 一般 | 255 | 20.74 | 4.73 | | |
| 第十量尺：男女平等態度 | 性侵害 | 188 | 18.06 | 3.78 | 18.61*** | 一般＞性侵害 |
| | 非行 | 203 | 17.66 | 4.19 | | 一般＞非行 |
| | 一般 | 255 | 19.79 | 4.01 | | |
| 第十一量尺：自評作答可靠度 | 性侵害 | 188 | 30.84 | 6.13 | 1.90 | |
| | 非行 | 202 | 29.70 | 6.25 | | |
| | 一般 | 250 | 30.61 | 6.24 | | |

** $p < 0.01$, *** $p < 0.001$

## 十、KSRS-YV- II 效度檢驗：區辨效度 3（性侵害類型差異）

　　後續將比較性侵組內不同類型是否在 KSRS-YV- II 的十一個量尺上有差異（表五十四）。在性侵類型上，發現兩個量尺可以區分「合意」與「強制」的不同。結果發現，「強制」類型的性侵害行為人，有較強的性侵害傾向與較低的正常感；亦即認為自己比較容易產生性衝動、容易犯下性侵害的行為，同時認為自己在許多表現上可能不如一般人。原本假設「強制」類型的行為人有較高的偏差表現，而「合意」類型則較接近一般人，所以假設和此結果一致。

### 表五十四在性侵類型上有顯著差異的 KSRS-YV-Ⅱ量尺

| 量尺名稱 | 性侵類型 | n | 平均值 | 標準差 | t |
|---|---|---|---|---|---|
| 第五量尺：性侵害傾向強 | 合意 | 82 | 13.76 | 4.43 | −2.56* |
| | 強制 | 52 | 16.44 | 6.69 | |
| 第九量尺：正常量尺 | 合意 | 82 | 19.63 | 4.43 | 3.12** |
| | 強制 | 52 | 17.00 | 5.25 | |

* $p < 0.05$, ** $p < 0.01$

## 十一、KSRS-YV-Ⅱ效度檢驗：區辨效度4（處遇方式差異）

在處遇方式上（表五十五），結果發現 KSRS-YV-Ⅱ的衝動性指標中有四個量尺可以區分安置於「機構」中的性侵害行為人與其他兩類的不同。綜合而言，在誠正中學（機構）的行為人有較多的酒精與毒品使用行為、反社會傾向較高，以及較多好逸惡勞的心態。原先假設「機構」中之個案應較為偏差，結果依然如此。

### 表五十五在處遇方式上有顯著差異的 KSRS-YV-Ⅱ量尺

| 項目內容 | 處遇方式 | n | 平均值 | 標準差 | F | 事後檢定 |
|---|---|---|---|---|---|---|
| 第一量尺：物質使用 | 保護管束 | 107 | 9.45 | 4.57 | 15.44*** | 機構＞保護管束 |
| | 機構 | 13 | 17.15 | 7.80 | | 機構＞審理 |
| | 審理中 | 65 | 10.74 | 4.25 | | |
| 第二量尺：神經質因素 | 保護管束 | 107 | 19.62 | 7.57 | 4.76** | 審理＞保護管束 |
| | 機構 | 13 | 17.92 | 7.44 | | |
| | 審理中 | 65 | 23.03 | 8.23 | | |
| 第三量尺：反社會傾向 | 保護管束 | 107 | 22.69 | 8.84 | 12.33*** | 機構＞保護管束 |
| | 機構 | 13 | 35.62 | 9.84 | | 機構＞審理 |
| | 審理中 | 64 | 24.64 | 8.78 | | |
| 第六量尺：享樂意願 | 保護管束 | 57 | 10.00 | 4.21 | 5.70** | 機構＞保護管束 |
| | 機構 | 13 | 13.69 | 3.88 | | 機構＞審理 |
| | 審理中 | 16 | 9.25 | 2.21 | | |

** $p < 0.01$, *** $p < 0.001$

　　而仍在審理階段的行為人，則比已進入保護管束階段的行為人有更高的神經質表現。可能顯示此神經質表現是因為行為人需要應付司法審理壓力所產生的行為結果。

## 十二、KSRS-YV-II效度檢驗：區辨效度5（案件類型差異）

　　在單純／混合案件方面（表五十六），發現衝動性指標的四個量尺可以區分這兩類的不同。綜合而言，在犯下性侵害行為的同時還有其他犯行的行為人，有更多的酒精毒品使用行為、反社會傾向較高、衝動性較高、好逸惡勞心態較強。這些量尺差異方向都和原先「混合案件」類型較偏差的假設一致。

**表五十六在單純／混合案件上有顯著差異的 KSRS-YV-II量尺**

| 項目內容 | 單純／混合案件 | n | 平均值 | 標準差 | t |
|---|---|---|---|---|---|
| 第一量尺：物質使用 | 單純 | 94 | 10.51 | 4.45 | −2.18* |
| | 混合 | 36 | 12.58 | 5.81 | |
| 第三量尺：反社會傾向 | 單純 | 93 | 24.15 | 8.97 | −2.88** |
| | 混合 | 36 | 29.44 | 10.36 | |
| 第四量尺：衝動性 | 單純 | 38 | 8.82 | 2.89 | −3.50** |
| | 混合 | 11 | 13.09 | 5.38 | |
| 第六量尺：享樂意願 | 單純 | 38 | 9.89 | 3.06 | −2.81** |
| | 混合 | 11 | 13.09 | 4.18 | |

$* p < 0.05, ** p < 0.01$

## 十三、KSRS-YV-II效度檢驗：區辨效度6（在廣義性侵害各組間之差異）

　　將 KSRS-YV-II 的十一個量尺分數同樣放入單因子變異數分析，比較廣義性侵害的組間差異（表五十七）。

表五十七 KSRS-YV-Ⅱ各量尺分數在廣義性侵害三組樣本上的 ANOVA

| | 組別 | 樣本數 | 平均值 | 標準差 | F 值 | 事後檢定 |
|---|---|---|---|---|---|---|
| 第一量尺：物質使用 | 加害組 | 56 | 8.70 | 3.30 | 6.60** | 加害組 > 一般組 |
| | 受害組 | 63 | 7.63 | 2.38 | | |
| | 一般組 | 726 | 7.34 | 2.71 | | |
| 第二量尺：神經質因素 | 加害組 | 56 | 21.86 | 7.75 | 20.84*** | 加害組 > 一般組 |
| | 受害組 | 63 | 22.92 | 8.51 | | 受害組 > 一般組 |
| | 一般組 | 724 | 17.78 | 7.18 | | |
| 第三量尺：反社會傾向 | 加害組 | 55 | 20.36 | 7.61 | 16.18*** | 加害組 > 受害組 |
| | 受害組 | 63 | 16.65 | 6.22 | | 加害組 > 一般組 |
| | 一般組 | 709 | 15.68 | 5.78 | | |
| 第四量尺：衝動性 | 加害組 | 55 | 13.22 | 5.93 | 13.73*** | 加害組 > 一般組 |
| | 受害組 | 63 | 12.06 | 5.16 | | |
| | 一般組 | 710 | 10.10 | 4.84 | | |
| 第五量尺：性侵害傾向強 | 加害組 | 55 | 20.38 | 11.31 | 17.52*** | 加害組 > 受害組 |
| | 受害組 | 62 | 14.65 | 6.28 | | 加害組 > 一般組 |
| | 一般組 | 711 | 14.20 | 7.19 | | |
| 第六量尺：享樂意願 | 加害組 | 55 | 15.71 | 5.73 | 19.55*** | 加害組 > 一般組 |
| | 受害組 | 63 | 13.62 | 4.60 | | |
| | 一般組 | 712 | 11.78 | 4.83 | | |
| 第七量尺：性侵者內在問題 | 加害組 | 55 | 17.55 | 5.71 | 1.45 | |
| | 受害組 | 63 | 19.17 | 6.14 | | |
| | 一般組 | 725 | 17.76 | 6.56 | | |
| 第八量尺：性侵害責難 | 加害組 | 56 | 33.79 | 8.75 | 1.72 | |
| | 受害組 | 62 | 31.50 | 9.89 | | |
| | 一般組 | 723 | 31.35 | 9.49 | | |
| 第九量尺：正常量尺 | 加害組 | 55 | 20.67 | 4.98 | 1.86 | |
| | 受害組 | 63 | 19.27 | 5.74 | | |
| | 一般組 | 725 | 19.33 | 4.96 | | |

表五十七　KSRS-YV-Ⅱ各量尺分數在廣義性侵害三組樣本上的
　　　　　ANOVA（續）

|  | 組別 | 樣本數 | 平均值 | 標準差 | F 值 | 事後檢定 |
|---|---|---|---|---|---|---|
| 第十量尺：男女平等態度 | 加害組 | 56 | 19.23 | 4.75 | 4.86** | 一般組＞加害組 |
|  | 受害組 | 63 | 20.65 | 3.45 |  |  |
|  | 一般組 | 720 | 20.86 | 3.70 |  |  |
| 第十一量尺：自評作答可靠度 | 加害組 | 54 | 29.70 | 6.92 | 1.78 |  |
|  | 受害組 | 63 | 30.51 | 6.12 |  |  |
|  | 一般組 | 713 | 31.18 | 5.91 |  |  |

\*\* $p < 0.01$, \*\*\* $p < 0.001$

　　結果發現，衝動性指標中所有六個量尺皆可以找出組間差異。在物質使用、神經質、反社會傾向、衝動性、性侵害傾向強、享樂意願等量尺上，都可發現廣義加害組的得分比廣義一般組高，顯示在社區場合之中，有做出性侵害行為的青少年，同時也有較高的比率已試過喝酒和使用毒品，神經質的表現較多、反社會的性格已出現、較難控制衝動、認為自己較容易有性衝動與侵害行為，也比較有好逸惡勞的心態。而上述在 KSRS 原始量尺中所發現的推論在此也可以看到，亦即與進入司法程序中的個案相比，在社區中的性侵害者會報告出較高的衝動性、較強的性侵害傾向、享樂意願，而沒有自我辯解的表現。

　　廣義受害組在神經質上與廣義一般組不同。因此，曾受過性侵害行為的青少年有較多的神經質行為表現。而廣義受害組與廣義加害組在反社會傾向與性侵害傾向強兩個量尺上有不同的表現；相較之下，受過性侵害行為的青少年就不會有反社會的性格傾向，以及不認為自己有較高的性衝動或性侵害傾向。

　　在規範性指標中，僅有男女平等態度的量尺分數有顯著差異。與一般的青少年相比，有過廣義性侵害行為的青少年較不同意男女平等的觀念。

第五章　結論與建議

# 第一節 研究假設之驗證結果

至此，本研究不僅完成當初所設定的目標，並且獲得許多進一步的研究發現（表五十八）。

### 表五十八 研究假設之驗證結果

| 研究假設 | 驗證結果 | 進一步之研究發現 |
|---|---|---|
| 1. 男性與女性在 KSRS 上之表現是具有差異的 | 與假設一致 | 1. KSRS：全部二十六個量尺中有顯著性別差異的量尺共有二十個，其中男性分數顯著高於女性的為量尺一、量尺二、量尺四、量尺五、量尺六、量尺十、量尺十一、量尺十二、量尺十五、量尺十六、量尺十七、正常量尺、反社會人格量尺、反社會認知量尺、低分項目量尺與自我控制總分等，而女性顯著高於男性的則有量尺七、量尺九與量尺十三等。<br>2. KSRS-YV-Ⅱ：十一個量尺中有顯著性別差異的量尺共有八個，其中男性分數顯著高於女性的為量尺一、量尺三、量尺四、量尺五、量尺六、量尺七與量尺九等，而女性顯著高於男性的則有量尺十。 |
| 2. 性侵害行為人、非行少年，以及一般青少年在 KSRS 之表現是具有差異的 | 與假設一致 | 1. KSRS：所有二十六個量尺中共有二十一個量尺可以顯現出性侵害組、非行組與一般組之間的差異存在。<br>2. KSRS-YV-Ⅱ：除了量尺十一自評作答可靠度外，全部十個量尺都具有組間差異。 |

## 表五十八　研究假設之驗證結果（續）

| 研究假設 | 驗證結果 | 進一步之研究發現 |
|---|---|---|
| 3. 不同犯罪類型之性侵害行為人在 KSRS 之表現是具有差異的 | 完成 KSRS-YV-Ⅱ後與假設一致 | 1. 「強制性交」類型之性侵害傾向較強，而「合意性交」類型之正常量尺較高。<br>2. 將性侵害行為人區分為「機構」、「保護管束」、「審理中」三類，在「機構」的行為人有較多的物質使用行為、反社會傾向較高，以及較多享樂意願。<br>3. 在犯下性侵害行為的同時還有其他犯行的行為人（混合案件），有更多的物質使用行為、反社會傾向較高、衝動性較高、享樂意願較強。 |
| 4. 「反社會性格傾向」量尺可能是最具有效度的因素量尺，可以區辨性侵害組及非性侵害組 | 與假設一致 | 1. KSRS：除了「反社會性格傾向」外，還包括量尺四（使用毒品經驗較高）、量尺七（反對男尊女卑較低）、正常量尺較低、神經質量尺較高。<br>2. KSRS-YV-Ⅱ：除了「反社會傾向」外，還包括物質使用較高、神經質因素較高、正常量尺較低、男女平等態度較差。 |
| 5. 性侵害行為人在 KSRS 之表現，以正面方式隱藏實情（否認自己有不好傾向）的傾向是清楚而穩定的 | 與假設一致 | 1. KSRS：性侵害行為人在量尺三、量尺六、量尺九、量尺十、量尺十二、量尺十四、量尺十五、低分項目量尺等，尤其是低分項目量尺基本上就代表此否認傾向。<br>2. KSRS-YV-Ⅱ：性侵害行為人在量尺五（性侵害傾向強）、量尺六（享樂意願）、量尺七（性侵者內在問題）具否認傾向。 |

**表五十八　研究假設之驗證結果（續）**

| 研究假設 | 驗證結果 | 進一步之研究發現 |
|---|---|---|
| 6. 透過項目分析的篩檢，可適度將 KSRS 量表之項目加以精簡 | 完成共計 74 題之 KSRS-YV-Ⅱ | 1. 取得兩個因素結構，大致可將之區分為衝動性指標與規範性指標。<br>2. 衝動性指標有六個分量尺（物質使用、神經質因素、反社會傾向、衝動性、性侵害傾向強、享樂意願）。<br>3. 規範性指標有四個分量尺（性侵者內在問題、性侵害責難、正常量尺、男女平等態度）。<br>4. 一個效度量尺：自評作答可靠度。 |

　　上述研究發現顯示，以少年性侵害行為人為研究對象，在前五項假設驗證中，有四項假設（除第三項假設外），無論是 KSRS 或者是 KSRS-YV-Ⅱ，驗證結果均與當初的研究假設一致。且各項數據顯示，KSRS-YV-Ⅱ之驗證結果優於 KSRS。尤其是第三項假設的驗證，更直接證明 KSRS-YV-Ⅱ是具有區辨不同犯罪類型之性侵害行為人之有效評估工具。

　　因此，我們建議，在針對少年性侵害行為人的動態心理評估，KSRS-YV-Ⅱ是一相當值得參考之量表。

# 第二節　其他重要發現

　　在基本資料方面，將研究對象分成三組（性侵害組、非行少年組、一般組）進行比較。在家庭結構中，性侵組與非行組「單親」的比率（約41%）明顯高於一般組（15.7%）；在父母關係中，性侵組（37.1%）與非行組（34.1%）「父母離婚」的比率遠高於一般組（12.5%）；雖然主要照顧者為父母者，三組均高於或接近八成，但很明顯地，性侵組

（20%）與非行組（20.9%）由祖父母或其他照顧者之比率遠高於一般組（8.1%）；在主要照顧者的教養方式上，「開明」方式為一般組最高（77.9%），「專制」方式為性侵組最高（24.8%），「放任」方式為非行組最高（11.7%）；從家裡經濟狀況來看，「勉強」或「貧乏」的比率在性侵害與非行組都超過六成，比較特別的是，三組「富有」的比率都很低（等於或低於 1%）；在性經驗上面，性侵組（76.7%）與非行組（68.7%）填「是」的比率明顯高於一般組（7.2%）；在猥褻或騷擾他人的經驗方面，性侵組（26%）遠高於非行組（2.2%）與一般組（5.2%）；在性侵害他人的經驗上，性侵組只有 34% 承認，高達 66% 的人否認有此經驗，非行組也有 3.3%，一般組 1.1% 承認有此經驗；在性霸凌的經驗上，性侵組與非行組均有約 8%，明顯高於一般組（2.6%）；在關係方面，與「主要照顧者」以及與「同儕」的關係中，一般組均優於非行組，與一般刻板印象不同的是，性侵組以及一般組在這兩類關係上面，並沒有顯著的差異。

以上述家庭結構、父母關係、主要照顧者、主要照顧者的教養方式，與家庭經濟狀況等五個變項，以 KSRS 各量尺與自我控制分數作為依變項進行單因子變異數分析檢定，檢視此些基本資料變項是否會造成 KSRS 各量尺分數與自我控制分數的差異。

研究發現，家庭結構為「單親者」，在量尺二（以性加害證明能力）、量尺四（使用毒品經驗）、反社會人格傾向、高分項目量尺，以及自我控制總分顯著較高，量尺七（反對男尊女卑）顯著較低。父母關係為「父母離婚」，有較高的量尺一（性刺激引起性衝動）、量尺二、量尺四、量尺五（性慾強度與頻率）、量尺十七（對酒與性刺激的忍受度低）、反社會人格量尺、高分項目量尺、自我控制總分的分數，有較低的量尺七分數。主要照顧者為「祖父母」或「其他」者有較高的量尺四與反社會人格量尺分數。主要照顧者的教養方式上，「放任」是風險最高的教

養方式，與「專制」或「開明」教養方式相比，在量尺四、反社會人格量尺、反社會認知量尺、低分項目量尺、高分項目量尺與自我控制總分的分數都較高；「放任」若單獨與「開明」做比較，又增加八個量尺具有差異；「專制」與「開明」相比，「專制」在量尺二與精神病質量尺較高，在量尺七、量尺八（同理受害者）、量尺十五（社會背景與飲酒關係）、正常量尺則是「開明」較高。在家庭經濟狀況，相對於「貧乏」或「勉強」，「小康」的可信度量尺的分數較高，神經質量尺、反社會人格與自我控制總分的分數較低；若將「貧乏」單獨與「小康」相比，又增加了九個量尺具有差異；若將「勉強」單獨與「小康」比較，則增加了兩個量尺的差異。

　　以有無性經驗與 KSRS 各量尺間關係方面進行檢定發現，有性經驗者分數較高的量尺為量尺一、量尺二、量尺四、量尺五、量尺十一、量尺十二、量尺十五、量尺十六、量尺十七、正常量尺、神經質量尺、精神病質量尺、反社會人格量尺、反社會認知量尺、低分項目量尺、高分項目量尺、自我控制總分。而有性經驗者分數顯著較低的量尺為量尺七與量尺九。顯示相對於無性經驗者，有性經驗者，在 KSRS 各量尺上的表現，有較高的性刺激引起的性衝動、以性加害人證明能力、使用毒品經驗、性慾強度與頻率、性加害傾向強、性加害行為遺傳家庭歸因、社會背景與飲酒關係、性慾難控制、對酒與性刺激的忍受度低等相關性偏差，以及較差的身心狀態與自我控制。

　　綜觀上述資料顯示，「單親」、「父母離婚」、「主要照顧者為祖父母或其他者」、「放任」的教養方式、「貧乏」的家庭經濟狀況、有「性經驗」等，可能為青少年性侵害之脆弱因子；另一方面，「與父母同住」、「親生父母健在」、「主要照顧者為父母」、「開明」的教養方式、無「性經驗」，則為青少年的保護因子。

# 第三節　本研究之重大突破

　　過去 KSRS 在發展的過程中，常模之建立以及主要的研究對象，為性侵害加害人以及非性侵害加害人（包括其他犯罪者與一般無犯罪者），研究發現性侵害加害人在 KSRS 之表現，以正面方式隱藏實情（否認自己有不好傾向）的傾向是清楚而穩定的。因此在 KSRS（柯永河，1999）所建立的常模中，常常比較容易看到的是性侵害加害人的否認型態，這讓本研究一開始進行「柯氏性別關係量表—少年版」（KSRS-YV）信、效度檢驗與常模的建立過程中，便決定要檢驗少年性侵害行為人在不同的階段，是否有不同的反應型態。

　　很幸運地，本研究在對一般國高中生的收案過程中，發現有些學生的基本資料中反映出有過騷擾／猥褻、性霸凌、性侵害他人的經驗（有效樣本 56 人），或是遭受過這些待遇的經驗（有效樣本 63 人），本研究將之視為廣義性侵害加害者或受害者，這群人基本上從未進入司法系統，與之前所檢驗的少年性侵害行為人相當不同，之前的性侵組皆已經過司法審判之歷程，在面對 KSRS 所需要之自陳式反應，其反應心向中之否認與防衛機制顯然過於強烈，而無法偵測出這些人較真實的心理狀態。

　　本研究將 KSRS 各量尺與自我控制總分作為依變項，進行廣義性侵害的三組單因子變異數分析，結果發現在所有二十六個量尺中共有十九個量尺可以顯現出廣義加害組、廣義受害組與廣義一般組之間的差異存在。在量尺一「性衝動被刺激觸發容易度」、量尺二「以性加害證明男性氣概」、量尺五「性慾望強度與頻率」、量尺十一「性加害傾向強」、量尺十二「性加害行為控制難度（遺傳、家庭歸因）」、量尺十六「性加害行為難控制」、量尺十七「對酒、性刺激的忍受度低」、反社會人格量尺、反社會認知量尺、低分項目量尺等十個量尺上，廣義加害組之

得分皆比廣義受害組或廣義一般組高。而廣義受害組則在神經質量尺、精神病質量尺，以及自我控制總分之得分較廣義一般組高。

將 KSRS-YV- II 的十一個量尺同樣放入單因子變異數分析，比較廣義性侵害的組間差異。結果發現共有七個量尺可以找出組間差異。在物質使用、神經質因素、反社會傾向、衝動性、性侵害傾向強、享樂意願等量尺上，都可發現廣義加害組的得分比廣義一般組高。另外，廣義一般組在男女平等態度上較廣義加害組高。

這真是一個重大的突破，上述的分析證明，當初柯永河（1999）在發展 KSRS 時之理論預設並無太大的問題。比較大的問題是，在量表驗證以及常模的建立過程中，忽略[8]了將不同（階段）的對象區分開來。本研究汲取這個教訓，因此建議常模之建立應明確區分三個部分：(1) 分別建立男性與女性常模；(2) 建立一般社區適用的常模，以適合尚未進入司法系統之少年；(3) 建立少年性侵害行為人常模，以適合已進入司法系統之少年。

另外，除了建立 KSRS-YV- II 的常模外，也一併建立 KSRS 與自我控制量表之常模，提供後續研究或實務工作者參考！

## 第四節　研究限制與後續研究建議

本研究之主要限制，為本次受試者之特性影響了研究結果的可推論範圍。由於本次研究目的主要是為受保護處分之青少年性侵害行為人的

---

8　研究者認為，比較大的可能性是，柯老師當初所蒐集的樣本數過低，因此無法建立較完整的常模。

評估團體建立一標準化的測驗工具,因此,研究對象亦僅考慮受保護處分之青少年行為人。是故本研究結果中所建立之工具信效度與常模,以及所發現的性侵害/非行少年或性侵害/一般青少年間的差異,並不確定是否適合用於受刑事判決之青少年性侵害行為人。

其次,樣本中之性侵害組與非行組,有一共通特性,即女性比率極少。因此在本研究的主要分析中皆因為人數過少而加以排除。雖然性侵害組與非行組女性的收案人數少直接反映出該族群在全台灣中本就稀少,但也因此就沒有任何資料可以顯示這些族群的特性與獨特之處。

另外,本次收案方式並非完全的隨機抽樣。在性侵害組方面,受限於各地方少年法院本身的實際運作與協助意願,並未能達到分層隨機抽樣之原則,因此本研究之常模,對於全國性侵害青少年的代表性略為下降。

同樣地,在非行組與一般組中之取樣也有類似的情形。整體而言,本次收案對象集中於中部與南部,東部與北部較少。因此若性侵害、非行與一般青少年在全國各區中有明顯不同的地區特性(例如家庭社經地位、教育程度、性侵害類型等),則本次研究結果也會反映該特性。

因此,後續相關研究應該考量此點,考慮性侵害、非行與一般青少年在全國各地的比率與特性,並且盡量進行能符合分層隨機抽樣原則之研究,才能肯定其研究成果適用於全台灣的青少年族群。

## 常模

### 一、「KSRS 與自我控制量表」少年性侵害行為人之常模分數

　　以性侵害組 226 人作為分布，求出 KSRS 量表二十五個量尺分數與自我控制量表總分在百分位數 5、15、25、50、75、85、95 的分數。其中自我控制量表因為收案限制，只能用 105 位性侵害組受試者作為樣本（表五十九）。

表五十九　「KSRS 與自我控制量表」少年性侵害行為人之常模分數

| | 百分位數 | | | | | | |
|---|---|---|---|---|---|---|---|
| | 5% | 15% | 25% | 50% | 75% | 85% | 95% |
| 量尺一 | 5 | 5 | 5 | 7 | 10 | 12 | 15 |
| 量尺二 | 9 | 9 | 9 | 10 | 13 | 15 | 24 |
| 量尺三 | 5 | 8 | 10 | 15 | 19 | 22 | 27 |
| 量尺四 | 5 | 5 | 5 | 7 | 10 | 11 | 18 |
| 量尺五 | 16 | 18 | 21 | 27 | 34 | 40 | 47 |
| 量尺六 | 5 | 5 | 7 | 9 | 12 | 14 | 19 |
| 量尺七 | 16 | 18 | 20 | 24 | 27 | 29 | 30 |
| 量尺八 | 21 | 28 | 32 | 40 | 48 | 50 | 53 |
| 量尺九 | 13 | 18 | 20 | 25 | 28 | 30 | 30 |
| 量尺十 | 11 | 14 | 16 | 22 | 28 | 31 | 38 |
| 量尺十一 | 5 | 5 | 5 | 5 | 6 | 8 | 13 |
| 量尺十二 | 6 | 6 | 6 | 8 | 11 | 13 | 18 |
| 量尺十三 | 14 | 18 | 20 | 24 | 27 | 29 | 30 |
| 量尺十四 | 6 | 10 | 12 | 14 | 17 | 19 | 20 |
| 量尺十五 | 4 | 6 | 7 | 9 | 13 | 14 | 17 |
| 量尺十六 | 5 | 5 | 7 | 9.5 | 13 | 14 | 18 |
| 量尺十七 | 8 | 8 | 8 | 10 | 13 | 16 | 23 |
| 正常量尺 | 22 | 27 | 30 | 36 | 43 | 45 | 50 |
| 神經質量尺 | 12 | 15 | 18 | 24 | 33 | 36 | 45 |

表五十九 「KSRS與自我控制量表」少年性侵害行為人之常模分數（續）

| | 百分位數 | | | | | | |
|---|---|---|---|---|---|---|---|
| | 5% | 15% | 25% | 50% | 75% | 85% | 95% |
| 精神病質量尺 | 11 | 14 | 15 | 20 | 25 | 29 | 35 |
| 反社會人格量尺 | 8 | 11 | 13 | 17 | 24 | 28 | 34 |
| 反社會認知量尺 | 13 | 14 | 16 | 21 | 26 | 30 | 42 |
| 自評可信度量尺 | 20 | 23 | 26 | 35 | 36 | 36 | 36 |
| 低分項目量尺 | 71 | 81 | 90 | 105 | 121 | 135 | 162 |
| 高分項目量尺 | 61 | 69 | 76 | 84 | 96 | 102 | 114 |
| 自我控制總分 | 20 | 25 | 28 | 40 | 54 | 62 | 72 |

## 二、「KSRS與自我控制量表」一般少年版本之常模分數

以一般組 850 人作為分布，求出 KSRS 量表二十五個量尺分數與自我控制量表總分在百分位數 5、15、25、50、75、85、95 的分數（表六十）。

表六十 「KSRS與自我控制量表」一般少年版本之常模分數

| | 百分位數 | | | | | | |
|---|---|---|---|---|---|---|---|
| | 5% | 15% | 25% | 50% | 75% | 85% | 95% |
| 量尺一 | 5 | 5 | 5 | 6 | 9 | 10 | 14 |
| 量尺二 | 9 | 9 | 9 | 9 | 12 | 14 | 19 |
| 量尺三 | 8 | 11 | 13 | 19 | 24 | 26 | 30 |
| 量尺四 | 5 | 5 | 5 | 5 | 6 | 7 | 10 |
| 量尺五 | 13 | 13 | 14 | 19 | 31 | 38 | 49 |
| 量尺六 | 5 | 6 | 7 | 10 | 14 | 16 | 20 |
| 量尺七 | 16 | 20 | 24 | 28 | 30 | 30 | 30 |
| 量尺八 | 20 | 27 | 32 | 40 | 46 | 49 | 53 |
| 量尺九 | 11 | 17 | 20 | 25 | 30 | 30 | 30 |
| 量尺十 | 11 | 16 | 19 | 24 | 30 | 33 | 38 |
| 量尺十一 | 5 | 5 | 5 | 5 | 6 | 8 | 11 |

表六十 「KSRS 與自我控制量表」一般少年版本之常模分數（續）

| | 百分位數 | | | | | | |
|---|---|---|---|---|---|---|---|
| | 5% | 15% | 25% | 50% | 75% | 85% | 95% |
| 量尺十二 | 6 | 6 | 6 | 8 | 11 | 12 | 17 |
| 量尺十三 | 15 | 18 | 20 | 25 | 28 | 30 | 30 |
| 量尺十四 | 8 | 11 | 12 | 16 | 19 | 20 | 24 |
| 量尺十五 | 4 | 6 | 8 | 11 | 14 | 16 | 20 |
| 量尺十六 | 5 | 5 | 6 | 10 | 12 | 14 | 17 |
| 量尺十七 | 8 | 8 | 8 | 9 | 12 | 14 | 18 |
| 正常量尺 | 22 | 28 | 32 | 38 | 44 | 46 | 50 |
| 神經質量尺 | 11 | 14 | 16 | 22 | 29 | 33 | 40 |
| 精神病質量尺 | 11 | 14 | 16 | 19 | 23 | 26 | 31 |
| 反社會人格量尺 | 8 | 8 | 8 | 9 | 13 | 15 | 21 |
| 反社會認知量尺 | 13 | 14 | 15 | 19 | 25 | 29 | 38 |
| 自評可信度量尺 | 19 | 24 | 28 | 33 | 36 | 36 | 36 |
| 低分項目量尺 | 72 | 84 | 92 | 108 | 126 | 139 | 164 |
| 高分項目量尺 | 55 | 63 | 67 | 75 | 81 | 84 | 91 |
| 自我控制總分 | 20 | 26 | 30 | 40 | 52 | 58 | 71 |

## 三、「KSRS 量表與自我控制量表」一般男性少年版本之常模分數

以一般組中的男性 435 人作為分布，求出 KSRS 量表二十五個量尺分數與自我控制量表總分在百分位數 5、15、25、50、75、85、95 的分數（表六十一）。

表六十一　「KSRS 量表與自我控制量表」一般男性少年版本之常模分數

| | 百分位數 | | | | | | |
|---|---|---|---|---|---|---|---|
| | 5% | 15% | 25% | 50% | 75% | 85% | 95% |
| 量尺一 | 5 | 5 | 6 | 8 | 10 | 12 | 17 |
| 量尺二 | 9 | 9 | 9 | 10 | 14 | 16 | 22 |
| 量尺三 | 8 | 11 | 13 | 19 | 24 | 26 | 30 |
| 量尺四 | 5 | 5 | 5 | 5 | 7 | 8 | 10 |
| 量尺五 | 13 | 16 | 19 | 28 | 38 | 43 | 56 |
| 量尺六 | 5 | 6 | 7 | 11 | 15 | 17 | 20 |
| 量尺七 | 15 | 19 | 21 | 26 | 30 | 30 | 30 |
| 量尺八 | 20 | 27 | 32 | 40 | 46 | 49 | 53 |
| 量尺九 | 10 | 15 | 18 | 23 | 27 | 30 | 30 |
| 量尺十 | 11 | 17 | 20 | 25 | 31 | 34 | 39 |
| 量尺十一 | 5 | 5 | 5 | 5 | 8 | 10 | 14 |
| 量尺十二 | 6 | 6 | 7 | 9 | 12 | 16 | 21 |
| 量尺十三 | 13 | 17 | 20 | 24 | 28 | 30 | 30 |
| 量尺十四 | 8 | 11 | 13 | 16 | 20 | 21 | 24 |
| 量尺十五 | 4 | 7 | 9 | 12 | 15 | 18 | 21 |
| 量尺十六 | 5 | 5 | 7 | 10 | 13 | 15 | 18 |
| 量尺十七 | 8 | 8 | 8 | 10 | 13 | 16 | 21 |
| 正常量尺 | 22 | 29 | 33 | 40 | 45 | 47 | 52 |
| 神經質量尺 | 11 | 13 | 16 | 22 | 29 | 32 | 39 |
| 精神病質量尺 | 11 | 14 | 16 | 20 | 24 | 27 | 32 |
| 反社會人格量尺 | 8 | 8 | 8 | 10 | 14 | 17 | 23 |
| 反社會認知量尺 | 13 | 15 | 16 | 21 | 28 | 32 | 40 |
| 自評可信度量尺 | 18 | 23 | 27 | 33 | 36 | 36 | 36 |
| 低分項目量尺 | 76 | 89 | 101 | 118 | 140 | 154 | 178 |
| 高分項目量尺 | 56 | 64 | 68 | 75 | 82 | 86 | 93 |
| 自我控制總分 | 20 | 27 | 32 | 43 | 55 | 63 | 77 |

## 四、「KSRS 量表與自我控制量表」一般女性少年版本之常模分數

　　以一般組中的女性 415 人作為分布，求出 KSRS 量表二十五個量尺分數與自我控制量表總分在百分位數 5、15、25、50、75、85、95 的分數（表六十二）。

表六十二　「KSRS 量表與自我控制量表」一般女性少年版本之常模分數

| | 百分位數 | | | | | | |
|---|---|---|---|---|---|---|---|
| | 5% | 15% | 25% | 50% | 75% | 85% | 95% |
| 量尺一 | 5 | 5 | 5 | 5 | 6 | 7 | 10 |
| 量尺二 | 9 | 9 | 9 | 9 | 11 | 13 | 17 |
| 量尺三 | 8 | 10 | 13 | 18 | 23 | 25 | 30 |
| 量尺四 | 5 | 5 | 5 | 5 | 6 | 7 | 9 |
| 量尺五 | 13 | 13 | 13 | 15 | 19 | 22 | 32 |
| 量尺六 | 5 | 5 | 7 | 9 | 13 | 15 | 19 |
| 量尺七 | 18 | 23 | 25 | 29 | 30 | 30 | 30 |
| 量尺八 | 19 | 27 | 32 | 39 | 46 | 48 | 53 |
| 量尺九 | 14 | 20 | 23 | 26 | 30 | 30 | 30 |
| 量尺十 | 12 | 16 | 18 | 24 | 29 | 31 | 35 |
| 量尺十一 | 5 | 5 | 5 | 5 | 5 | 5 | 9 |
| 量尺十二 | 6 | 6 | 6 | 7 | 9 | 10 | 12 |
| 量尺十三 | 15 | 19 | 21 | 25 | 29 | 30 | 30 |
| 量尺十四 | 7 | 10 | 12 | 15 | 19 | 20 | 23 |
| 量尺十五 | 4 | 5 | 7 | 10 | 14 | 15 | 19 |
| 量尺十六 | 5 | 5 | 6 | 9 | 11 | 13 | 15 |
| 量尺十七 | 8 | 8 | 8 | 8 | 10 | 11 | 14 |
| 正常量尺 | 22 | 27 | 31 | 37 | 42 | 44 | 49 |
| 神經質量尺 | 11 | 14 | 16 | 22 | 29 | 33 | 40 |
| 精神病質量尺 | 11 | 14 | 15 | 19 | 22 | 25 | 31 |
| 反社會人格量尺 | 8 | 8 | 8 | 8 | 10 | 13 | 18 |
| 反社會認知量尺 | 13 | 13 | 15 | 18 | 22 | 25 | 32 |

表六十二 「KSRS量表與自我控制量表」一般女性少年版本之常模分數（續）

| | 百分位數 | | | | | | |
| --- | --- | --- | --- | --- | --- | --- | --- |
| | 5% | 15% | 25% | 50% | 75% | 85% | 95% |
| 自評可信度量尺 | 21 | 24 | 28 | 34 | 36 | 36 | 36 |
| 低分項目量尺 | 71 | 80 | 88 | 102 | 114 | 124 | 137 |
| 高分項目量尺 | 54 | 62 | 67 | 74 | 80 | 83 | 89 |
| 自我控制總分 | 19 | 24 | 28 | 37 | 50 | 55 | 65 |

## 五、「KSRS-YV-Ⅱ」少年性侵害行為人之常模分數

以性侵害組 226 人作為分布，求出 KSRS-YV-Ⅱ十一個動態危險因子指標分數與一個測驗有效性指標在百分位數 5、15、25、50、75、85、95 的分數（表六十三）。其中第四和第六量尺因為使用到原本的自我控制量表，同樣因為收案限制而只能用 105 位性侵害組受試者作為樣本。

表六十三 「KSRS-YV-Ⅱ」少年性侵害行為人之常模分數

| | | 百分位數 | | | | | | |
| --- | --- | --- | --- | --- | --- | --- | --- | --- |
| | | 5% | 15% | 25% | 50% | 75% | 85% | 95% |
| 衝動性指標 | 第一量尺：物質使用 | 6 | 6 | 6 | 9 | 13 | 16 | 21 |
| | 第二量尺：神經質因素 | 9 | 12 | 15 | 20 | 26 | 29 | 36 |
| | 第三量尺：反社會傾向 | 12 | 15 | 18 | 23 | 30 | 34 | 44 |
| | 第四量尺：衝動性 | 5 | 5 | 6 | 9 | 13 | 15 | 20 |
| | 第五量尺：性侵害傾向強 | 9 | 9 | 10 | 14 | 18 | 21 | 29 |
| | 第六量尺：享樂意願 | 5 | 6 | 8 | 11 | 13 | 16 | 19 |
| 規範性指標 | 第七量尺：性侵者內在問題 | 6 | 10 | 11 | 15 | 19 | 22 | 26 |
| | 第八量尺：性侵害責難 | 12 | 16 | 19 | 26 | 33 | 35 | 41 |
| | 第九量尺：正常量尺 | 10 | 13 | 16 | 19 | 22 | 24 | 26 |
| | 第十量尺：男女平等態度 | 12 | 14 | 15 | 18 | 21 | 23 | 24 |
| | 第十一量尺：自評作答可靠度 | 20 | 23 | 26 | 35 | 36 | 36 | 36 |

## 六、「KSRS-YV-Ⅱ」一般少年版本之常模分數

一般組 850 人作為分布，求出 KSRS-YV-Ⅱ十一個動態危險因子指標分數與一個測驗有效性指標在百分位數 5、15、25、50、75、85、95 的分數（表六十四）。

表六十四　「KSRS-YV-Ⅱ」一般少年版本之常模分數

| | | 百分位數 | | | | | | |
|---|---|---|---|---|---|---|---|---|
| | | 5% | 15% | 25% | 50% | 75% | 85% | 95% |
| 衝動性指標 | 第一量尺：物質使用 | 6 | 6 | 6 | 6 | 8 | 10 | 13 |
| | 第二量尺：神經質因素 | 8 | 11 | 12 | 17 | 23 | 27 | 33 |
| | 第三量尺：反社會傾向 | 11 | 11 | 11 | 14 | 18 | 22 | 28 |
| | 第四量尺：衝動性 | 5 | 5 | 6 | 9 | 14 | 16 | 20 |
| | 第五量尺：性侵害傾向強 | 9 | 9 | 9 | 11 | 18 | 22 | 32 |
| | 第六量尺：享樂意願 | 5 | 7 | 8 | 12 | 15 | 17 | 21 |
| 規範性指標 | 第七量尺：性侵者內在問題 | 7 | 11 | 13 | 17 | 22 | 25 | 29 |
| | 第八量尺：性侵害責難 | 16 | 21 | 25 | 32 | 39 | 42 | 47 |
| | 第九量尺：正常量尺 | 11 | 14 | 16 | 20 | 23 | 25 | 28 |
| | 第十量尺：男女平等態度 | 13 | 16 | 19 | 22 | 24 | 24 | 24 |
| | 第十一量尺：自評作答可靠度 | 19 | 24 | 28 | 33 | 36 | 36 | 36 |

## 七、「KSRS-YV-Ⅱ」一般男性少年版本之常模分數

一般組中男性 435 人作為分布，求出 KSRS-YV-Ⅱ十一個動態危險因子指標分數與一個測驗有效性指標在百分位數 5、15、25、50、75、85、95 的分數（表六十五）。

表六十五 「KSRS-YV-Ⅱ」一般男性少年版本之常模分數

| | | 百分位數 | | | | | | |
|---|---|---|---|---|---|---|---|---|
| | | 5% | 15% | 25% | 50% | 75% | 85% | 95% |
| 衝動性指標 | 第一量尺：物質使用 | 6 | 6 | 6 | 6 | 9 | 11 | 14 |
| | 第二量尺：神經質因素 | 8 | 10 | 13 | 17 | 23 | 27 | 32 |
| | 第三量尺：反社會傾向 | 11 | 12 | 13 | 16 | 21 | 25 | 32 |
| | 第四量尺：衝動性 | 5 | 6 | 7 | 11 | 15 | 17 | 22 |
| | 第五量尺：性侵害傾向強 | 9 | 9 | 11 | 16 | 23 | 26 | 37 |
| | 第六量尺：享樂意願 | 5 | 7 | 9 | 13 | 17 | 18 | 23 |
| 規範性指標 | 第七量尺：性侵者內在問題 | 8 | 11 | 14 | 18 | 24 | 26 | 31 |
| | 第八量尺：性侵害責難 | 16 | 22 | 25 | 32 | 40 | 43 | 47 |
| | 第九量尺：正常量尺 | 12 | 15 | 17 | 21 | 24 | 25 | 28 |
| | 第十量尺：男女平等態度 | 12 | 15 | 17 | 20 | 24 | 24 | 24 |
| | 第十一量尺：自評作答可靠度 | 18 | 23 | 27 | 33 | 36 | 36 | 36 |

## 八、「KSRS-YV-Ⅱ」一般女性少年版本之常模分數

一般組中女性 415 人作為分布，求出 KSRS-YV-Ⅱ十一個動態危險因子指標分數與一個測驗有效性指標在百分位數 5、15、25、50、75、85、95 的分數（表六十六）。

表六十六 「KSRS-YV-Ⅱ」一般女性少年版本之常模分數

| | | 百分位數 | | | | | | |
|---|---|---|---|---|---|---|---|---|
| | | 5% | 15% | 25% | 50% | 75% | 85% | 95% |
| 衝動性指標 | 第一量尺：物質使用 | 6 | 6 | 6 | 6 | 7 | 9 | 11 |
| | 第二量尺：神經質因素 | 8 | 11 | 12 | 17 | 23 | 27 | 33 |
| | 第三量尺：反社會傾向 | 11 | 11 | 11 | 12 | 16 | 18 | 24 |
| | 第四量尺：衝動性 | 5 | 5 | 6 | 8 | 12 | 14 | 19 |
| | 第五量尺：性侵害傾向強 | 9 | 9 | 9 | 9 | 11 | 14 | 19 |
| | 第六量尺：享樂意願 | 5 | 6 | 8 | 11 | 15 | 16 | 19 |
| 規範性指標 | 第七量尺：性侵者內在問題 | 7 | 10 | 12 | 16 | 21 | 23 | 27 |
| | 第八量尺：性侵害責難 | 16 | 20 | 24 | 31 | 38 | 41 | 46 |
| | 第九量尺：正常量尺 | 10 | 13 | 15 | 18 | 22 | 24 | 26 |
| | 第十量尺：男女平等態度 | 14 | 19 | 20 | 24 | 24 | 24 | 24 |
| | 第十一量尺：自評作答可靠度 | 21 | 24 | 28 | 34 | 36 | 36 | 36 |

# 參考文獻

吳敏欣（1999）。少年強姦犯兩性經驗與性價值觀之研究。東海大學社
　　會工作學系碩士論文。

林弘茂（2003）。休閒活動與少年偏差行為關聯性之研究。中央警察大
　　學犯罪防治研究所博士論文。

林明傑等人（2006）。成年與少年性侵害加害人心理病態檢索表之應用
　　及其與動靜態再犯危險評估相關之研究。行政院衛生署九十五年度
　　科技研究發展計畫。

法務部（2010）。98 年少年兒童犯罪概況及其分析。法務部編印。

邱惟真（2011a）。發展少年性侵害加害人預防輔導模式。內政部家庭暴
　　力及性侵害防治委員會一百年研究計畫。

邱惟真（2011b）。新竹地方法院青少年再犯預防認知輔導團體成效評
　　估。司法院 100 年度少年業務個案研討會第一場。

邱惟真（2013）。 研發少年性侵害行為人再犯危險評估工具。衛生福利
　　部 102 研究計畫。

邱惟真、邱思潔（2006）。《家庭暴力受保護管束人諮商輔導方案之建
　　立及成效評估初探》。臺灣臺中地方法院檢察署、財團法人犯罪被
　　害人保護協會臺灣臺中分會委託研究。

邱惟真、邱思潔、李粵羚（2007）。三個月的性侵害加害人社區輔導教
　　育團體該做什麼：政策與實務之對話。輔導季刊，第 43 卷，第 2 期，
　　1-11。

金炫泰（2010）。父母管教方式、控制與偏差行為之相關性研究—以台
　　中縣國中生為例。靜宜大學社會工作與兒童少年福利學系碩士論
　　文。

柯永河（1994）。習慣心理學 - 寫在晤談以上四十年之後（理論篇）。
　　台北：張老師文化出版。

柯永河（1996）。談習慣測量的需要與方法。測驗年刊，43，17-32。

柯永河（1998a）。柯氏性格量表（KMHQ1998）指導手冊。教育部委託主編。台北：中國行為科學社發行。

柯永河（1998b）。柯氏心理衛生程式之修改與驗證：以強迫型與反社會型者為例。行政院國家科學委員會專題研究計畫成果報告。NSC87-2413-H002-006。

柯永河（1999）。「性侵害加害人心理狀態評估工具編製」研究計畫報告。內政部八十八年度委託研究報告。

柯永河、張小鳳（1999）。健康、性格、習慣量表（HPH1998）。台北：測驗出版社。

張惠君（2001）。家庭系統、學校系統與國中生自我控制及偏差行為之研究：以台南地區為例。國立成功大學教育研究所碩士論文。

張閔智（1996）。社會控制、休閒活動型態與少年被害關聯性之研究。中央警察大學犯罪防治研究所碩士論文。

許春金、馬傳鎮（1992）。強暴犯罪型態與加害人格特性之研究。台北市政建設專題研究報告第 227 輯。

許春金、馬傳鎮（1997）。收容少年犯罪成因及其防治對策之調查研究。法務部犯罪問題研究中心。

許淑華（2002）。性別，自我控制與機會對少年犯罪與偏差行為之影響：犯罪共通性理論之驗證。中央警察大學犯罪防治研究所碩士論文。

郭壽宏（1999）。多層面性調查表（譯自 Mulitiphasic Sex Inventory, by Nichols, H. R., 1984）。

陳南翰（2004）。低自我控制、性行為、飲酒行為與少年偏差行為之研究。中央警察大學犯罪防治研究所碩士論文。

陳若彰等人（2002）。性暴力連續犯危險因子分析研究。女學學誌，13期，1-46頁。

陳若璋（2001）。性犯罪心理學：心理治療與評估。台北：張老師。

陳璋、志如（2001）。五 型性罪犯特質與預測因子探討。中華心理衛生學刊，14(4)。59-98。

陳郁岑（2004）。再探 K 氏兩性關係評估量表（KSRS）之臨床信效度。
　　成功大學行為醫學研究所碩士論文。

曾幼涵（2001）。解析青少年犯罪率高峰之現象：「低自我控制」與「成
　　熟代溝」之再議。國立政治大學心理系碩士論文。

曾淑萍（2000）。自我控制與少年竊盜行為：一般性犯罪理論之驗證。
　　國立中正大學犯罪防治研究所碩士論文。

黃軍義（1999）。強姦行為之心理動態分析。臺台灣大學心理研究所博
　　士論文。

黃富源等人（2008）。兒童少年妨害性自主罪之研究。法務部委託研究。

黃鴻禧（2007）。男性少年性侵害加害人自我控制與日常活動型態之研
　　究。中央警察大學犯罪防治研究所碩士論文。

蔡德輝、楊士隆（2000）。台灣地區少年強姦犯、非暴力犯及一般少年
　　犯罪危險因子之比較研究，犯罪學期刊第五期。中華民國犯罪學學
　　會。

鄭瑞隆（2006）。少年性侵犯行之成因、評估與矯正處遇。亞洲家庭暴
　　力與性侵害期刊，2(1)，65- 92。

Abel, G. G., Barlow, D. H., Blanchard, E., & Guild, D. (1997). The component
　　of rapists' sexual arousal. Archives of General Psychiatry, 34, 895-903.

Arneklev, B. J., Elis, L., & Medlicott, S. (2006). Testing the General Theory
　　of Crime: Comparing the Effects of "Imprudent Behavior" and an
　　Attitudinal Indicator of "Low Self-Control",. Western Criminalogy
　　Review, 7(3), 44-55.

Beech, A. R., & Ward, T. (2004). The integration of etiology and risk in sex
　　offenders: A theoretical model. Aggression and Violent Behavior, 10, 31-
　　-63.

Earls, C. M. (1988). Aberrant sexual arousal in sexual offenders. Annals of the
　　New York Academy of Sciences, 528, 41-48.

Epperson, D. L., Ralston, C. A., Fowers, D., DeWitt, J., & Gore, K. S.

(2006). Actuarial risk assessment with juveniles who offend sexually: Development of the Juvenile Sexual Offense Recidivism Risk Assessment Tool-II (JSORRAT-II). In D. Prescott (Ed.), Risk assessment of youth who have sexually abused: Theory, controversy, and emerging strategies (pp. 118-169). Oklahoma City, OK: Woods 'N' Barnes.

Forth, A., Kosson, D., & Hare, R. (2003). The Hare Psychopathy Checklist: Youth Version, Technical Manual. Multi-Health Systems, Inc. New York.

Gottfredson, M. R., & Hirschi, JT. (1990). *A General Theory of Crime*. Stanford, CA: Stanford University Press.

Grasmick, H. G., Tittle, C. R., Brusik, R. J., & Arneklev, B. J. (1993). Testing the core empirical implications of Gottfredson and Hirschi's genral theory of crime. *Journal of Research in Crime and Delinquency, 30*, 5-29.

Gretton, H. M., Hare, R. D., & Catchpole, R. E. (2004). Psychopathy and offending from adolescence to adulthood: A ten year follow-up. *Journal of Consulting and Clinical Psychology, 72*(4), 636-645.

Gretton, H. M., McBride, M., Hare, R. D., O'Shaughnessy, R., & Kumka, G. (2001). Psychopathy and recidivism in adolescent sex offenders. *Criminal Justice and Behavior, 28*, 427-449.

Hall, G. C., & Hirschman, R. (1991). Toward a theory of sexual aggression: a quadripartite model. *Journal of Consulting and Clinical Psychology, 59*(5), 662-9.

Hall, G. C., Shondrik, D. D., & Hirschman, R. (1993). The role of sexual arousal in sexually aggressive behavior: a meta-analysis. *Journal of Consulting and Clinical Psychology, 61*(6), 1091-5.

Hanson, R. K., & Harris, A. J. R. (2000). Where should we intervene? Dynamic predictors of sex offense recidivism. *Criminal Justice and Behavior, 27*, 6-35.

Hanson, R. K., & Morton-Bourgon, K. (2004). *Predictors of Sexual*

*Recidivism: An Updated Meta-Analysis. Ottawa*, Canada: Department of the Solicitor General Canada.

Harris, G. T., Rice, M. E., & Quinsey, V. L. (1993). Violence recidivism of mentally disordered offender: The development of a statistical prediction instrument. *Criminal Justice and Behavior, 20*, 315-335.

Hemphill, J. F., Harre, R. D., & Wong, S. (1998). Psychopathy and recidivism: A review. *Legal and Criminological Psychology, 3*, 139-170.

Hsu, L. K. G., and & Starzynski, J. (1990). Adolescent Rapists and Adolescent Child Sexual Assaulters. *International Journal of Offender Therapy and Comparative Criminology, 34*, 23-30.

Malamuth N.M. & Briere J. (1986). Sexual Violence in the Media : Indirect Effects on Aggression Against Women. *Journal of Social Issues*, Vol.42. No.3. pp75-92.

Porter, S., Birt, A. R., & Boer, D. P. (2001). Investigation of the criminal and conditional release profiles of Canadian federal offenders as a function of psychopathy and age. *Law and Human Behavior, 25*, 647-661.

Prentky, R., & Righthand, S. (2003). Juvenile Sex Offender Assessment Protocal-II Manual. (Online) Available at www.csom.org/pubs/JSOP.pdf.

Prentky, R., Li, N. C., Righthand, S., Schuler, A., Cavanaugh, D., & Lee, A. F. (2010). Assessing risk of sexually abusive behavior in a child welfare sample. Behavioral Sciences and the Law, 28, 24-45.

Quinsey, V., & T. Chaplin (1984). Stimulus control of rapists' and non-sex offenders' sexual arousal. *Behavioral Assessment, 6*, 169–176.

Rajlic G., Gretton H. M. (2010). An examination of two sexual recidivism risk measures in adolescent offenders: The moderating effect of offender type. Criminal Justice and Behavior, 37, 1066-1085. doi:10.1177/0093854810376354

Righthand S., & Welch C. (2001). *Juveniles Who Have Sexually Offended—~A*

*Review of Professional Literature,*. Washington, DC: Office of Juvenile Justice and Delinquency Prevention.

Russell, D. E. H. (1984). *Sexual exploitation: Rape, child sexual abuse and workplace harassment.* Newbury Park: Sage.

Viljoen, J. L., Mordell, S., & Beneteau, J. L. (2012). Prediction of adolescent sexual reoffending: A meta-analysis of the J-SOAP-II, ERASOR, J-SORRAT-II, and Static-99. *Law and Human Behavior, 36*(5), 423-438.

Viljoen, J. L., Scalora, M., Cuadra, L., Bader, S., Chavez, V., Ullman, D., & Lawrence, L. (2008). Assessing risk for violence in adolescents who have sexually offended: A comparisonof the J-SOAP-II, SAVRY, and J-SORRAT-II. *Criminal Justice and Behavior, 35*, 5–23.

Witt, P. H., Bosley, J. T., & Hiscox, S. P. (2002). Evaluation of juvenile sex offenders. *Journal of Psychiatry and Law, 30*, 569-592.

Worling, J. R., and & Curwen, T. (2000). Adolescent sexual offenders recidivism: sSuccess of specialized treatment and implications for risk prediction, . *Child Abuse and Neglect, 24* (7):, 965-982.

Worling, J. R., & Curwen, T. (2001). *Estimate of Risk of Adolescent Sexual Offense Recidivism* (Version 2.0: The "ERASOR"). In M. C. Calder, *Juveniles and children who sexually abuse: Frameworks for assessment* (pp. 372-397). Lyme Regis, Dorset, UK: Russell House Publishing.

Worling, J. R., Bookalam, D., & Litteljohn, A. (2012). Prospective validity of the Estimate of Risk of Adolescent Sexual Offense Recidivism (ERASOR). *Sexual Abuse: A Journal of Research and Treatment, 24, 203-223.* doi: 10.1177/1079063211407080

## 附件一 少年靜態再犯危險評估量表

| 題項 | 選項 | | | | 得分 |
|---|---|---|---|---|---|
| 1. 性侵害案件類型？ | 0分【合意（合性交猥褻）】 | | 2分【強制（含性交與猥褻）】 | | |
| 2. 妨害性自主罪的移送次數？ | 0分【從未有過】 | 1分【之前移送一次】 | 2分【超過一次移送】 | | |
| 3. 第一次性犯行之年齡？ | 0分【逾十四歲】 | | | 4分【十四歲以下】 | |
| 4. 本次性犯罪之加害人人數？ | 0分【一人】 | 1分【兩人以上】 | | | |
| 5. 性侵害被害人之人數？ | 0分【一名】 | | | 4分【兩名以上】 | |
| 6. 加害人年齡減去被害人年齡？ | 0分【被害人較大或同齡】 | 1分【一歲以上到四歲以下】 | 2分【逾四歲】 | | |
| 7. 被害人的性別？ | 0分【只有一種性別】 | | 2分【兩種性別都有】 | | |
| 8. 此次性侵害之持續時間？ | 0分【一次】 | 1分【六個月以下】 | 2分【逾六個月】 | | |
| 9. 初犯到此次性犯行之間隔時間？ | 0分【只有一件】 | 1分【六個月以下】 | 2分【逾六個月】 | | |
| 10. 性侵害犯罪之計畫程度？ | 0分【毫無計畫性】 | 1分【輕微之計畫性】 | 2分【精細之計畫性】 | | |
| 11. 性侵過程中之暴力行為？ | 0分【無】 | 1分【少數】 | 2分【中度一高度】 | | |
| 12. 過度或偏差的性活動？ | 0分【基準／極少】 | 2分【中等】 | | 4分【高度】 | |
| 13. 曾在教育場合中有幾次違規行為？ | 0分【無／一件】 | 1分【兩件】 | 2分【三件或以上】 | | |
| 14. 少年過去有無偏差行為？ | 0分【無／很少】 | 1分【中等】 | 2分【高度】 | | |
| 15. 十六歲前曾被移送？ | 0分【無】 | 2分【一次】 | | 4分【兩次或以上】 | |
| 16. 犯行的多樣化？ | 0分【單一類別】 | 1分【二種類別】 | 2分【三種及以上類別】 | | |
| 17. 物質濫用？ | 0分【無】 | 1分【有】 | | | |
| 18. 在家曾受身體虐待？ | 0分【無／不知道】 | 1分【有】 | 2分【中度一強烈】 | | |
| 19. 曾目睹家庭暴力？ | 0分【無／不知道】 | 1分【有】 | 2分【中度一強烈】 | | |
| 20. 照顧者之變更程度（十二歲以前）？ | 0分【無變更】 | 1分【變更一至兩次】 | 2分【三次以上的變更】 | | |
| 21. 有無在機構之經驗？ | 0分【無】 | | 2分【有】 | | |
| 22. 有無上過特殊教育？ | 0分【無】 | | 2分【有】 | | |
| 23. 心理治療或輔導史——身心狀態？ | 0分【無】 | 1分【一項身心狀態問題】 | 2分【兩項以上身心狀態問題，或有過心理治療或輔導史】 | | |
| 24. 被性侵害？ | 0分【無】 | 1分【加害人為女性而且僅有一次】 | 2分【加害人為男性，或者被性侵過兩次以上】 | | |

再犯危險（24題）　低危險（0-14分）　中低危險（15-20分）　中高危險（21-24分）　高危險（25分以上）

附件二　柯氏性別關係量表（含自我控制量尺）題本

題本編號：_____

# 柯氏性別關係量表（KSRS-2012）

★　請依照題目順序將答案圈選在答案紙上，題本請勿做任何記號。

★　施測時間約 35 ～ 40 分鐘，請仔細閱讀每一題，並圈選出最符合自己狀況的答案。

★　您的所有資料皆會保密，請放心作答。

## 柯氏性別關係量表（KSRS-2012）

★ 請依照題目順序將答案圈選在答案紙上，題本請勿做任何記號。
★ 施測時間約 35 ～ 40 分鐘，請仔細閱讀每一題，並圈選出最符合自己狀況的答案。
★ 您的所有資料皆會保密，請放心作答。

1. 我常喝酒。
2. 我善於交際。
3. 每想到讀書和課業成績時，我經常會想到只為了使父母高興而唸書是很沒意思的，所以我根本不想唸書。
4. 我一個月就會有一次對性生活的渴望。
5. 犯了強姦罪的人應該為自己的行為感到羞恥。
6. 我認為犯強姦罪的人事後不會感到後悔。
7. 從國小或國中時代，我就習慣偷拿或破壞我看不慣的人的財物。
8. 犯了強姦罪的人應該感到自己像是動物，不是人。
9. 人生根本沒有快樂，只有和異性發生性關係時才有，所以若有強姦的好機會，則應該抓住這機會及時行樂。
10. 我相信被強暴的人都會傷心得痛不欲生。
11. 如果看到了異性的大腿，我就會興奮得不得了。
12. 我認為敢犯強姦罪的人才是真正的男人。
13. 我認為犯強姦罪的人犯罪前不會想到這種行為是一種罪惡。
14. 我反對男尊女卑的傳統觀念。
15. 我相信被強姦後的人都會產生強烈的自卑感。
16. 我覺得犯了強姦罪的人應該下地獄。
17. 我覺得周圍的人看不起我。
18. 喝醉了酒，我就會隨便講話。
19. 如果看到了異性的裸體照片，我的性衝動就強得無法控制。

20. 遭到挫折覺得很不如意時，我很想用強姦異性的方法讓自己覺得自己是有能力，有用的人。

21. 我通常覺得生活是有意義的。

22. 強姦行為要用閹割的重罰才能讓犯者不再犯。

23. 從小學或國中時代，我就有習慣常常喝酒。

24. 如果犯強姦罪的人會被判死刑，我就絕對不會做這種行為。

25. 我認為犯強暴罪的人都是很渴望愛情的人。

26. 有時我莫名其妙地不安或恐慌起來。

27. 如果有一位異性要我強姦他，我是不會拒絕的。

28. 我使用過毒品。

29. 在電視或報紙看到搶劫、殺人、綁架時，我經常會想到將來我也要試試看，一定很刺激，令我興奮。

30. 有性衝動時，我用手淫（自慰）的方式就可把它解決掉。

31. 我常喝酒之外，也使用一種以上的毒品。

32. 我非常忿恨全世界的異性，所以常想到用強姦的方式來發洩這種忿恨。

33. 有好多次，我夢見自己強暴異性。

34. 我認為犯強姦罪的人是兩性中的失敗者。

35. 常常有人在批評我。

36. 用「三字經」粗話罵人時，我有性的滿足感。

37. 假如與所愛的異性為感情爭吵時，我經常會想到將來有一天會給他（她）好看，我不是一個好欺負的人。

38. 從小學或國中時代，我好幾次偷拿父母的印章去蓋學校聯絡簿或成績單。

39. 我覺得犯了強姦罪的人應該接受閹割手術，讓他絕子絕孫。

40. 我是一個經常會感覺悲傷的人。

41. 我相信很多異性喜歡跟我在一起。

42. 家人生病需要我照顧時，我經常會想到家人從來不關心我，他們生病與我何干。

43. 強姦是利己利人的行為，不但強姦者能滿足需求，被強姦的也會得到相同的滿足。

44. 自己生病時，我經常會想到為什麼老天爺只對我如此不公平，應該讓其他人也跟我一樣生病。

45. 在動物界裡，性需要都是靠武力解決的，所以人靠暴力（強姦）解決性需求是對的。

46. 我相信自己的能力不比別人低。

47. 晚上我比較容易性衝動。

48. 我們不可很天真的相信別人，因為有許多人存心要陷害您。

49. 從小學或國中時代，我就常常逃學。

50. 在藥物、酒類影響下每一個人都會做出強姦行為。

51. 我過去使用過安非他命。

52. 希望與很喜歡的異性交往時，我經常會想到不管對方肯不肯，只要能把他（她）搶到手就好了。

53. 這一生我絕不會再做強姦行為。

54. 我絕對相信自己的將來是成功的。

55. 有性需要時，我一定要和異性發生關係心情才能安定下來。

56. 我相信酒醉時我也會做出強暴行為。

57. 我有很強的依賴心。

58. 我認為把異性看做滿足性慾對象的人才會強姦異性。

59. 假如有一群黑社會人士用刀槍威脅我說：如果我不強姦站在我面前的一位很性感的異性，我就必死；這時候我還是不強姦他（她）。

60. 我覺得自己是個沒有價值的人。

61. 性慾望是一種本能，沒有人能擋得住它。

62. 沒有人能用道德觀念把已經出現的強烈性慾望完全消除。

63. 我認為犯強暴罪的人都是得不到異性愛情的人。

64. 我認為會強姦異性的人都是無法控制自己性衝動的人。

65. 我一個禮拜就會有一次對性生活的渴望。

66. 從小學或國中時代起，我已兩次或兩次以上離家出走，在外過夜，且數日不歸。

67. 只要一個人意志力強，性慾望照樣可以好好地加以控制。

68. 過去好幾次，只要喝醉我就開始亂性。

69. 有時我會莫名其妙地有強烈衝動很想強姦異性。

70. 每談到升學考試時，我經常會想到聯考是一種競爭，為了拿到高分，只要不被發現，作弊也可以。

71. 什麼慾望我都能控制，只有性慾望是無法控制的。

72. 我的興趣很廣。

73. 我認為強姦是世界上最不道德的行為。

74. 看了 A 片電影、電視後，我很快就會有性衝動。

75. 我覺得有人在譏笑我。

76. 活在這世界不如意的事情太多了，用強姦的手段，獲得短暫的快樂是應該的。

77. 性衝動很強時，我也不允許自己去強姦異性。

78. 不管在哪一個國家，強姦行為應該被認為最被看不起的行為。

79. 如果看到異性半露的胸部，我就會興奮得不得了。

80. 即使這世界沒有法律，我也絕不會允許自己做強姦行為。

81. 有人想用巧妙方法神不知鬼不覺地把我毒死。

82. 以上我所做的回答都是可靠的。

83. 我的性慾望很強烈，當慾望來時什麼工作我都無法把它做好。

84. 犯強姦罪的人正要做這種行為的時候，是不會想到做了這種行為會受到什麼懲罰。

85. 在報紙上我常看到攻擊或批評我的字眼。

86. 我認為會犯強姦的人都是自卑感強的人。

87. 每兩三個禮拜，我就會有一次強烈的性慾望。

88. 強姦行為可以證明一個人有否性的能力。

89. 我常覺得頭腦很紊亂。

90. 當有人批評我時，我經常會想到他們是偽君子真可惡，將來我會以兩倍的代價讓他們難過。

91. 我很少有性需求。

92. 我相信有人故意和我作對，使我受到很多挫折，喪失很多成功機會。

93. 以上我所做的回答都非常可靠。

94. 外界是危險的，我們必須小心，免得被陷害。

95. 會成功做出強姦行為的人才算是真正的男人。

96. 我相信被強姦的人一定很不願意讓別人知道自己遭遇到這種不幸。

97. 我希望每一個國都把強姦罪的法律都廢除，讓男人都能活得更快樂。

98. 我的前途被某些人的惡意擺佈，變得很糟糕。

99. 有性衝動時，我很難控制它。

100. 用強姦行為可以證明一個人有否能力。

101. 我希望天天有機會和異性發生性關係。

102. 我相信自己也有一些長處。

103. 我認為會犯強姦罪的人都是攻擊心很強的人。

104. 每年在某一季節我想做強姦行為的衝動就特別強。

105. 在課堂上有疑問，想舉手發問時，我經常會想到要問一個讓老師難以回答而且難堪的問題。

106. 異性的化粧用香水很容易引起我的性衝動。

107. 當被異性看不起、欺侮時，我很想用強姦行為來向對方證明我比他（她）更有能力。

108. 我比什麼人都缺乏自信心。

109. 我相信犯了強姦罪的人一定是因他的生理條件很特別，無法控制自己的性需求。

110. 我家人和親戚中也有人做過強姦行為。

111. 以上我所做的回答都相當可靠。

112. 從小學或國中時代，我就有習慣，只要學校裡發生了讓我不愉快的事，我就帶著書包，不請假自行離開學校。

113. 在電影裡看到有人被強姦、凌虐，我會感到興奮。

114. 我認為把異性看成洩恨對象的人才會做出強姦行為。

115. 女人生來的目的就是為男人傳宗接代。

116. 喝醉了酒，對於在場的異性我會不規矩起來。

117. 會做出強姦行為的人都是很有男性本色的人。

118. 在酒或安非他命，或可壯陽的藥物控制下，大部分的人都會做出強姦行為。

119. 我覺得犯了強姦罪的人根本不值得同情。

120. 我相信在某一條件下每一個人都會做出強姦行為。

121. 我認為犯強姦罪的人是對異性有強烈報復心的人。

122. 在生活中，困難問題繼續地來，但我總是會想出辦法解決它。

123. 在眾人面前需要有所表現時，我經常會想到按照自己的意思表現出來，誰敢說不好，我就找機會修理他。

124. 我相信被強暴的人都有強烈的羞恥感。

125. 談及將來的婚姻時，我經常會想到婚姻幸福是根本不可能的，人都是自私自利，只能說婚姻有沒有利用價值。

126. 我相信女人是為了使男人活得快樂而生出來的。

127. 如果世界上有一個國家是每人可以隨心所欲地做強姦行為，我就一定常去那裡享受那種快樂。

128. 如果我的性慾望被觸發起來，就要經過好幾天，這慾望才會消失。

129. 我的臉上大概帶有很淫亂的表情。

130. 以上我所做的回答都非常不可靠。

131. 我認為會做強姦行為的人都對異性抱有仇恨心理。

132. 我相信被強姦的人一定會覺得莫名其妙為什麼如此不幸會發生在自己身上。

133. 強姦婦女之後，只會被關在監獄一段時間而已，所以強姦是值得去做的。

134. 安非他命會使我感到自己有能力。

135. 我認為強姦行為的對象都是強姦者認識的異性。

136. 在藥物、酒類與強烈外在條件誘惑下，每一個人都會做出強姦行為。

137. 我認為犯強姦罪的人是有心理問題的人。

138. 強姦行為可以證明一個人是否男性的雄風。

139. 如果這世上只有我和另一位很有性感的異性，他（她）又拒絕和我有親密關係，我就會強姦她（他）。

140. 希望與異性交往時，我經常會想到天下沒有我得不到的異性朋友，如果對方不跟我交往，我就讓他（她）敬酒不吃吃罰酒。

141. 我常覺得自己好像做了不應該做的事。

142. 我願向神發誓將來我絕不會做強姦行為。

143. 如果我中意的人要強暴我，我會依他。

144. 我相信被強暴的人都會覺得自己的一生完了，再也見不得人了。

145. 我不知道如何去控制自己的性衝動。

146. 我不敢保證將來我一定不會強姦別人。

147. 假如有人用 100 萬台幣雇用我去強姦他的妻子（妻子已被麻痺），我就會去強姦他。

148. 以上我所做的回答都相當不可靠。

149. 當有某個人說我缺點時，我經常會想到他要好好的給我記住，有機會我一定會讓他很難看。

150. 有時，電視節目裡的男女親熱鏡頭，也會使我的性慾強得難以控制。

151. 我相信被強姦的人一定恨死侵犯她（他）的人。

152. 我相信被強姦的人一定會覺得這是很不名譽的事情，所以會不斷地想早日結束自己生命。

153. 我相信強姦一個人等於毀了一個人。

154. 我的臨機應變能力很強。

155. 我的生命灰暗，沒有快樂可言。

156. 從小學或國中時代，我就犯過了幾次校規，被記過。

157. 我不贊成重男輕女的態度。

158. 如果社會秩序很亂，根本沒有警察，我就會做強姦行為。

159. 我常擔心不幸的事情將發生在我身上。

160. 從國中時代，我已經與異性發生過好幾次性關係。

161. 我贊成男女本來就是平等的。

162. 以上我所做的回答都不可靠。

-----------------------------------------------------------------------------------------

163. 我覺得自己很容易和別人爭吵。

164. 如果有人惹我生氣，那麼即使在公共場合，我也會大罵那個人。

165. 我不想生氣，但就是控制不了自己的脾氣。

166. 我不太能控制自己的負面情緒。

167. 我通常想到什麼就什麼，不喜歡考慮太久。

168. 我做任何事情都很衝動，不會去考慮後果。

169. 我會為了興趣而去從事刺激的活動（如：刺激的運動或行為）。

170. 我會去做一些危險而別人不敢做的事。

171. 我覺得刺激及冒險比安全重要。

172. 我做事馬馬虎虎。

173. 我覺得人生很短暫，應該即時行樂。

174. 我只希望現在過得快樂就好，以後的事以後再說。

175. 我覺得誠實的人很難出人頭地。

176. 我覺得那些腳踏實地的人不夠聰明。

177. 我認為大部分的人都會為了順利達成目標而說謊。

178. 我很難專心做一件事。

179. 我碰到難題，會容易有放棄的念頭。

180. 上課時，我常常被好玩的事所吸引，而沒有聽課。

題本編號：

## 附件三　柯氏性別關係量表（KSRS-2012）答案紙

| | |
|---|---|
| 一、案情： | 1. □妨害性自主；案由：_____<br>2. □暴力類型；案由：_____<br>3. □非暴力類型；案由：_____ |
| 二、性別： | 1. □男　2. □女 |
| 三、生日： | 民國 年 ____月 ____日 |
| 四、就學／就業狀況： | 1. □在學（含半工半讀、建教合作等）學校：_____<br>2. □輟學　3. □全職工作 |
| 五、年級： | 1. □國中七年級　2. □國中八年級　3. □國中九年級<br>4. □高中（職）一年級　5. □高中（職）二年級<br>6. □高中（職）三年級 |
| 六、家庭結構： | 1. □與父母同住　2. □與祖父母同住　3. □三代同堂<br>4. □單親（父□母□）　5. □寄養（安置）家庭<br>6. □其他 |
| 七、與父母的相關資料： | 1. □親生父母健在　2. □親生父母歿（父□母□）<br>3. □父母離婚　4. □繼父母（父□母□）<br>5. □父母非婚姻關係　6. □其他：_____ |
| 八、主要照顧者： | 1. □父母　2. □祖父母　3. □親戚　4. □其他：_____ |
| 九、主要照顧者的教養方式： | 1. □開明　2. □專制　3. □放任　4. □混亂 |
| 十、我與主要照顧者的關係（請圈選）： | |
| 非常不好　1　2　3　4　5　6　7　8　9　10　非常好 | |
| 十一、我與同儕的關係（請圈選）： | |
| 非常不好　1　2　3　4　5　6　7　8　9　10　非常好 | |
| 十二、我認為家裡的經濟狀況： | 1. □富有　2. □小康　3. □勉強　4. □貧乏 |
| 十三、我曾有過性經驗： | 1. □是 2. □否 |
| 十四、我曾性騷擾或猥褻他人： | 1. □是 2. □否 |
| 十五、我曾遭他人性騷擾或猥褻： | 1. □是 2. □否 |
| 十六、我曾性侵害他人： | 1. □是 2. □否 |
| 十七、我曾遭他人性侵害： | 1. □是 2. □否 |
| 十八、我曾性霸凌他人： | 1. □是 2. □否 |
| 十九、我曾遭他人性霸凌： | 1. □是 2. □否 |
| 二十、填答日期：民國 年　月　日 | |

| | 完全不符合 | 20%符合 | 40%符合 | 60%符合 | 80%符合 | 100%符合 | | 完全不符合 | 20%符合 | 40%符合 | 60%符合 | 80%符合 | 100%符合 | | 完全不符合 | 20%符合 | 40%符合 | 60%符合 | 80%符合 | 100%符合 |
|---|---|---|---|---|---|---|---|---|---|---|---|---|---|---|---|---|---|---|---|---|
| **1.** | 1 | 2 | 3 | 4 | 5 | 6 | **26.** | 1 | 2 | 3 | 4 | 5 | 6 | **51.** | 1 | 2 | 3 | 4 | 5 | 6 |
| **2.** | 1 | 2 | 3 | 4 | 5 | 6 | **27.** | 1 | 2 | 3 | 4 | 5 | 6 | **52.** | 1 | 2 | 3 | 4 | 5 | 6 |
| **3.** | 1 | 2 | 3 | 4 | 5 | 6 | **28.** | 1 | 2 | 3 | 4 | 5 | 6 | **53.** | 1 | 2 | 3 | 4 | 5 | 6 |
| **4.** | 1 | 2 | 3 | 4 | 5 | 6 | **29.** | 1 | 2 | 3 | 4 | 5 | 6 | **54.** | 1 | 2 | 3 | 4 | 5 | 6 |
| **5.** | 1 | 2 | 3 | 4 | 5 | 6 | **30.** | 1 | 2 | 3 | 4 | 5 | 6 | **55.** | 1 | 2 | 3 | 4 | 5 | 6 |
| **6.** | 1 | 2 | 3 | 4 | 5 | 6 | **31.** | 1 | 2 | 3 | 4 | 5 | 6 | **56.** | 1 | 2 | 3 | 4 | 5 | 6 |
| **7.** | 1 | 2 | 3 | 4 | 5 | 6 | **32.** | 1 | 2 | 3 | 4 | 5 | 6 | **57.** | 1 | 2 | 3 | 4 | 5 | 6 |
| **8.** | 1 | 2 | 3 | 4 | 5 | 6 | **33.** | 1 | 2 | 3 | 4 | 5 | 6 | **58.** | 1 | 2 | 3 | 4 | 5 | 6 |
| **9.** | 1 | 2 | 3 | 4 | 5 | 6 | **34.** | 1 | 2 | 3 | 4 | 5 | 6 | **59.** | 1 | 2 | 3 | 4 | 5 | 6 |
| **10.** | 1 | 2 | 3 | 4 | 5 | 6 | **35.** | 1 | 2 | 3 | 4 | 5 | 6 | **60.** | 1 | 2 | 3 | 4 | 5 | 6 |
| **11.** | 1 | 2 | 3 | 4 | 5 | 6 | **36.** | 1 | 2 | 3 | 4 | 5 | 6 | **61.** | 1 | 2 | 3 | 4 | 5 | 6 |
| **12.** | 1 | 2 | 3 | 4 | 5 | 6 | **37.** | 1 | 2 | 3 | 4 | 5 | 6 | **62.** | 1 | 2 | 3 | 4 | 5 | 6 |
| **13.** | 1 | 2 | 3 | 4 | 5 | 6 | **38.** | 1 | 2 | 3 | 4 | 5 | 6 | **63.** | 1 | 2 | 3 | 4 | 5 | 6 |
| **14.** | 1 | 2 | 3 | 4 | 5 | 6 | **39.** | 1 | 2 | 3 | 4 | 5 | 6 | **64.** | 1 | 2 | 3 | 4 | 5 | 6 |
| **15.** | 1 | 2 | 3 | 4 | 5 | 6 | **40.** | 1 | 2 | 3 | 4 | 5 | 6 | **65.** | 1 | 2 | 3 | 4 | 5 | 6 |
| **16.** | 1 | 2 | 3 | 4 | 5 | 6 | **41.** | 1 | 2 | 3 | 4 | 5 | 6 | **66.** | 1 | 2 | 3 | 4 | 5 | 6 |
| **17.** | 1 | 2 | 3 | 4 | 5 | 6 | **42.** | 1 | 2 | 3 | 4 | 5 | 6 | **67.** | 1 | 2 | 3 | 4 | 5 | 6 |
| **18.** | 1 | 2 | 3 | 4 | 5 | 6 | **43.** | 1 | 2 | 3 | 4 | 5 | 6 | **68.** | 1 | 2 | 3 | 4 | 5 | 6 |
| **19.** | 1 | 2 | 3 | 4 | 5 | 6 | **44.** | 1 | 2 | 3 | 4 | 5 | 6 | **69.** | 1 | 2 | 3 | 4 | 5 | 6 |
| **20.** | 1 | 2 | 3 | 4 | 5 | 6 | **45.** | 1 | 2 | 3 | 4 | 5 | 6 | **70.** | 1 | 2 | 3 | 4 | 5 | 6 |
| **21.** | 1 | 2 | 3 | 4 | 5 | 6 | **46.** | 1 | 2 | 3 | 4 | 5 | 6 | **71.** | 1 | 2 | 3 | 4 | 5 | 6 |
| **22.** | 1 | 2 | 3 | 4 | 5 | 6 | **47.** | 1 | 2 | 3 | 4 | 5 | 6 | **72.** | 1 | 2 | 3 | 4 | 5 | 6 |
| **23.** | 1 | 2 | 3 | 4 | 5 | 6 | **48.** | 1 | 2 | 3 | 4 | 5 | 6 | **73.** | 1 | 2 | 3 | 4 | 5 | 6 |
| **24.** | 1 | 2 | 3 | 4 | 5 | 6 | **49.** | 1 | 2 | 3 | 4 | 5 | 6 | **74.** | 1 | 2 | 3 | 4 | 5 | 6 |
| **25.** | 1 | 2 | 3 | 4 | 5 | 6 | **50.** | 1 | 2 | 3 | 4 | 5 | 6 | **75.** | 1 | 2 | 3 | 4 | 5 | 6 |

| | 完全不符合 | 20%符合 | 40%符合 | 60%符合 | 80%符合 | 100%符合 | | 完全不符合 | 20%符合 | 40%符合 | 60%符合 | 80%符合 | 100%符合 | | 完全不符合 | 20%符合 | 40%符合 | 60%符合 | 80%符合 | 100%符合 |
|---|---|---|---|---|---|---|---|---|---|---|---|---|---|---|---|---|---|---|---|---|
| 76. | 1 | 2 | 3 | 4 | 5 | 6 | 101. | 1 | 2 | 3 | 4 | 5 | 6 | 126. | 1 | 2 | 3 | 4 | 5 | 6 |
| 77. | 1 | 2 | 3 | 4 | 5 | 6 | 102. | 1 | 2 | 3 | 4 | 5 | 6 | 127. | 1 | 2 | 3 | 4 | 5 | 6 |
| 78. | 1 | 2 | 3 | 4 | 5 | 6 | 103. | 1 | 2 | 3 | 4 | 5 | 6 | 128. | 1 | 2 | 3 | 4 | 5 | 6 |
| 79. | 1 | 2 | 3 | 4 | 5 | 6 | 104. | 1 | 2 | 3 | 4 | 5 | 6 | 129. | 1 | 2 | 3 | 4 | 5 | 6 |
| 80. | 1 | 2 | 3 | 4 | 5 | 6 | 105. | 1 | 2 | 3 | 4 | 5 | 6 | 130. | 1 | 2 | 3 | 4 | 5 | 6 |
| 81. | 1 | 2 | 3 | 4 | 5 | 6 | 106. | 1 | 2 | 3 | 4 | 5 | 6 | 131. | 1 | 2 | 3 | 4 | 5 | 6 |
| 82. | 1 | 2 | 3 | 4 | 5 | 6 | 107. | 1 | 2 | 3 | 4 | 5 | 6 | 132. | 1 | 2 | 3 | 4 | 5 | 6 |
| 83. | 1 | 2 | 3 | 4 | 5 | 6 | 108. | 1 | 2 | 3 | 4 | 5 | 6 | 133. | 1 | 2 | 3 | 4 | 5 | 6 |
| 84. | 1 | 2 | 3 | 4 | 5 | 6 | 109. | 1 | 2 | 3 | 4 | 5 | 6 | 134. | 1 | 2 | 3 | 4 | 5 | 6 |
| 85. | 1 | 2 | 3 | 4 | 5 | 6 | 110. | 1 | 2 | 3 | 4 | 5 | 6 | 135. | 1 | 2 | 3 | 4 | 5 | 6 |
| 86. | 1 | 2 | 3 | 4 | 5 | 6 | 111. | 1 | 2 | 3 | 4 | 5 | 6 | 136. | 1 | 2 | 3 | 4 | 5 | 6 |
| 87. | 1 | 2 | 3 | 4 | 5 | 6 | 112. | 1 | 2 | 3 | 4 | 5 | 6 | 137. | 1 | 2 | 3 | 4 | 5 | 6 |
| 88. | 1 | 2 | 3 | 4 | 5 | 6 | 113. | 1 | 2 | 3 | 4 | 5 | 6 | 138. | 1 | 2 | 3 | 4 | 5 | 6 |
| 89. | 1 | 2 | 3 | 4 | 5 | 6 | 114. | 1 | 2 | 3 | 4 | 5 | 6 | 139. | 1 | 2 | 3 | 4 | 5 | 6 |
| 90. | 1 | 2 | 3 | 4 | 5 | 6 | 115. | 1 | 2 | 3 | 4 | 5 | 6 | 140. | 1 | 2 | 3 | 4 | 5 | 6 |
| 91. | 1 | 2 | 3 | 4 | 5 | 6 | 116. | 1 | 2 | 3 | 4 | 5 | 6 | 141. | 1 | 2 | 3 | 4 | 5 | 6 |
| 92. | 1 | 2 | 3 | 4 | 5 | 6 | 117. | 1 | 2 | 3 | 4 | 5 | 6 | 142. | 1 | 2 | 3 | 4 | 5 | 6 |
| 93. | 1 | 2 | 3 | 4 | 5 | 6 | 118. | 1 | 2 | 3 | 4 | 5 | 6 | 143. | 1 | 2 | 3 | 4 | 5 | 6 |
| 94. | 1 | 2 | 3 | 4 | 5 | 6 | 119. | 1 | 2 | 3 | 4 | 5 | 6 | 144. | 1 | 2 | 3 | 4 | 5 | 6 |
| 95. | 1 | 2 | 3 | 4 | 5 | 6 | 120. | 1 | 2 | 3 | 4 | 5 | 6 | 145. | 1 | 2 | 3 | 4 | 5 | 6 |
| 96. | 1 | 2 | 3 | 4 | 5 | 6 | 121. | 1 | 2 | 3 | 4 | 5 | 6 | 146. | 1 | 2 | 3 | 4 | 5 | 6 |
| 97. | 1 | 2 | 3 | 4 | 5 | 6 | 122. | 1 | 2 | 3 | 4 | 5 | 6 | 147. | 1 | 2 | 3 | 4 | 5 | 6 |
| 98. | 1 | 2 | 3 | 4 | 5 | 6 | 123. | 1 | 2 | 3 | 4 | 5 | 6 | 148. | 1 | 2 | 3 | 4 | 5 | 6 |
| 99. | 1 | 2 | 3 | 4 | 5 | 6 | 124. | 1 | 2 | 3 | 4 | 5 | 6 | 149. | 1 | 2 | 3 | 4 | 5 | 6 |
| 100. | 1 | 2 | 3 | 4 | 5 | 6 | 125. | 1 | 2 | 3 | 4 | 5 | 6 | 150. | 1 | 2 | 3 | 4 | 5 | 6 |

| | 完全不符合 | 20%符合 | 40%符合 | 60%符合 | 80%符合 | 100%符合 | | 完全不符合 | 20%符合 | 40%符合 | 60%符合 | 80%符合 | 100%符合 |
|---|---|---|---|---|---|---|---|---|---|---|---|---|---|
| **151.** | 1 | 2 | 3 | 4 | 5 | 6 | **176.** | 1 | 2 | 3 | 4 | 5 | 6 |
| **152.** | 1 | 2 | 3 | 4 | 5 | 6 | **177.** | 1 | 2 | 3 | 4 | 5 | 6 |
| **153.** | 1 | 2 | 3 | 4 | 5 | 6 | **178.** | 1 | 2 | 3 | 4 | 5 | 6 |
| **154.** | 1 | 2 | 3 | 4 | 5 | 6 | **179.** | 1 | 2 | 3 | 4 | 5 | 6 |
| **155.** | 1 | 2 | 3 | 4 | 5 | 6 | **180.** | 1 | 2 | 3 | 4 | 5 | 6 |
| **156.** | 1 | 2 | 3 | 4 | 5 | 6 | | | | | | | |
| **157.** | 1 | 2 | 3 | 4 | 5 | 6 | | | | | | | |
| **158.** | 1 | 2 | 3 | 4 | 5 | 6 | | | | | | | |
| **159.** | 1 | 2 | 3 | 4 | 5 | 6 | | | | | | | |
| **160.** | 1 | 2 | 3 | 4 | 5 | 6 | | | | | | | |
| **161.** | 1 | 2 | 3 | 4 | 5 | 6 | | | | | | | |
| **162.** | 1 | 2 | 3 | 4 | 5 | 6 | | | | | | | |
| **163.** | 1 | 2 | 3 | 4 | 5 | 6 | | | | | | | |
| **164.** | 1 | 2 | 3 | 4 | 5 | 6 | | | | | | | |
| **165.** | 1 | 2 | 3 | 4 | 5 | 6 | | | | | | | |
| **166.** | 1 | 2 | 3 | 4 | 5 | 6 | | | | | | | |
| **167.** | 1 | 2 | 3 | 4 | 5 | 6 | | | | | | | |
| **168.** | 1 | 2 | 3 | 4 | 5 | 6 | | | | | | | |
| **169.** | 1 | 2 | 3 | 4 | 5 | 6 | | | | | | | |
| **170.** | 1 | 2 | 3 | 4 | 5 | 6 | | | | | | | |
| **171.** | 1 | 2 | 3 | 4 | 5 | 6 | | | | | | | |
| **172.** | 1 | 2 | 3 | 4 | 5 | 6 | | | | | | | |
| **173.** | 1 | 2 | 3 | 4 | 5 | 6 | | | | | | | |
| **174.** | 1 | 2 | 3 | 4 | 5 | 6 | | | | | | | |
| **175.** | 1 | 2 | 3 | 4 | 5 | 6 | | | | | | | |

附件四

題本編號：

## 柯氏性別關係量表—少年版（KSRS-YV-II）題本

✧ 請仔細閱讀各題題目，並在作答選項中圈選出自己認為最適合的答案。請注意，題本上的題號要和答案紙上的題號相同，即答案要圈在答案紙上的圈選處。作答選項分為 1 到 6 的數字，分別代表：

「1」代表填答者過去幾年來的習慣，完全不符合該句所說的情形。

「2」代表填答者過去幾年來的習慣，有 20% 符合該句所說的情形。

「3」代表填答者過去幾年來的習慣，有 40% 符合該句所說的情形。

「4」代表填答者過去幾年來的習慣，有 60% 符合該句所說的情形。

「5」代表填答者過去幾年來的習慣，有 80% 符合該句所說的情形。

「6」代表填答者過去幾年來的習慣，100% 符合該句所說的情形。

例題：

➤ 我常常作惡夢。　　　　　　　① 2 3 4 5 6

→代表您從未作為惡夢。

➤ 我比一般人更為神經質。　　　1 2 3 ④ 5 6

→代表您認為自己比 60% 的人更為神經質。

✧ 請依照題目順序將答案圈選在答案紙上，題本請勿做任何記號。

✧ 施測時間約為 20 ～ 30 分鐘，請仔細閱讀每一題，並圈選出最符合自己狀況的答案。

✧ 您的所有資料皆會保密，請放心作答。

1. 我常覺得自己好像做了不應該做的事。

2. 我比什麼人都缺乏自信心。

3. 我善於交際。

4. 我不贊成重男輕女的態度。

5. 當有某個人說我缺點時，我經常會想到他要好好的給我記住，有機會我一定會讓他很難看。

6. 我認為把異性看成洩恨對象的人才會做出強姦行為。

7. 從小學或國中時代，我就有習慣常常喝酒。

8. 如果社會秩序很亂，根本沒有警察，我就會做強姦行為。

9. 每談到升學考試時，我經常會想到聯考是一種競爭，為了拿到高分，只要不被發現，作弊也可以。

10. 我認為犯強姦罪的人事後不會感到後悔。

11. 當有人批評我時，我經常會想到他們是偽君子真可惡，將來我會以兩倍的代價讓他們難過。

12. 女人生來的目的就是為男人傳宗接代。

13. 我覺得自己是個沒有價值的人。

14. 如果有人惹我生氣，那麼即使在公共場合，我也會大罵那個人。

15. 以上我所做的回答都是可靠的。

16. 強姦行為要用閹割的重罰才能讓犯者不再犯。

17. 從小學或國中時代，我就犯過了幾次校規，被記過。

18. 我有很強的依賴心。

19. 安非他命會使我感到自己有能力。

20. 我覺得人生很短暫，應該即時行樂。

21. 我常覺得頭腦很紊亂。

22. 以上我所做的回答都非常不可靠。

23. 我覺得那些腳踏實地的人不夠聰明。

24. 從國中時代，我已經與異性發生過好幾次性關係。

25. 在眾人面前需要有所表現時，我經常會想到按照自己的意思表現出來，誰敢說不好，我就找機會修理他。

26. 我常喝酒之外，也使用一種以上的毒品。

27. 我認為會犯強姦罪的人都是攻擊心很強的人。

28. 我認為會犯強姦的人都是自卑感強的人。

29. 犯了強姦罪的人應該感到自己像是動物，不是人。

30. 如果我中意的人要強暴我，我會依他。

31. 我覺得犯了強姦罪的人應該下地獄。

32. 有時我莫名其妙地不安或恐慌起來。

33. 如果世界上有一個國家是每人可以隨心所欲地做強姦行為，我就一定常去那裡享受那種快樂。

34. 我覺得犯了強姦罪的人根本不值得同情。

35. 我相信很多異性喜歡跟我在一起。

36. 如果這世上只有我和另一位很有性感的異性，他（她）又拒絕和我有親密關係，我就會強姦她（他）。

37. 我認為會強姦異性的人都是無法控制自己性衝動的人。

38. 我認為犯強姦罪的人是兩性中的失敗者。

39. 以上我所做的回答都非常可靠。

40. 我不太能控制自己的負面情緒。

41. 我覺得刺激及冒險比安全重要。

42. 我認為犯強姦罪的人是對異性有強烈報復心的人。

43. 從小學或國中時代，我就常常逃學。

44. 我反對男尊女卑的傳統觀念。

45. 我認為把異性看做滿足性慾對象的人才會強姦異性。

46. 我的臨機應變能力很強。

47. 希望與很喜歡的異性交往時，我經常會想到不管對方肯不肯，只要能把他（她）搶到手就好了。

48. 我覺得周圍的人看不起我。

49. 在酒或安非他命，或可壯陽的藥物控制下，大部分的人都會做出強姦行為。

50. 如果看到異性半露的胸部，我就會興奮得不得了。

51. 我覺得犯了強姦罪的人應該接受閹割手術，讓他絕子絕孫。

52. 以上我所做的回答都相當可靠。

53. 從小學或國中時代起，我已兩次或兩次以上離家出走，在外過夜，且數日不歸。

54. 從小學或國中時代，我就有習慣，只要學校裡發生了讓我不愉快的事，我就帶著書包，不請假自行離開學校。

55. 看了 A 片電影、電視後，我很快就會有性衝動。

56. 我認為大部分的人都會為了順利達成目標而說謊。

57. 有時，電視節目裡的男女親熱鏡頭，也會使我的性慾強得難以控制。

58. 我是一個經常會感覺悲傷的人。

59. 我使用過毒品。

60. 我會去做一些危險而別人不敢做的事。

61. 如果犯強姦罪的人會被判死刑，我就絕對不會做這種行為。

62. 我相信自己的能力不比別人低。

63. 以上我所做的回答都不可靠。

64. 我常喝酒。

65. 我一個月就會有一次對性生活的渴望。

66. 如果看到了異性的大腿，我就會興奮得不得了。

67. 我相信自己也有一些長處。

68. 從小學或國中時代，我好幾次偷拿父母的印章去蓋學校聯絡簿或成績單。

69. 我相信女人是為了使男人活得快樂而生出來的。

70. 在電視或報紙看到搶劫、殺人、綁架時，我經常會想到將來我也要試試看，一定很刺激，令我興奮。

71. 每年在某一季節我想做強姦行為的衝動就特別強。

72. 上課時，我常常被好玩的事所吸引，而沒有聽課。

73. 我過去使用過安非他命。

74. 以上我所做的回答都相當不可靠。

## 附件五　柯氏性別關係量表—少年版（KSRS-YV-Ⅱ）答案紙

題本編號：＿＿＿＿

| | |
|---|---|
| 一、性別： | 1.□男　2.□女 |
| 二、生日： | 民國＿＿＿年＿＿＿月＿＿＿日 |
| 三、案情： | 1.□無<br>2.□妨害性自主；案由：＿＿＿＿＿＿＿＿＿＿＿＿＿＿<br>3.□暴力類型；案由：＿＿＿＿＿＿＿＿＿＿＿＿＿＿＿<br>4.□非暴力類型；案由：＿＿＿＿＿＿＿＿＿＿＿＿＿＿ |
| 四、就學／就業狀況： | 1.□在學（含半工半讀、建教合作等）學校：＿＿＿＿<br>2.□輟學　3.□全職工作 |
| 五、年級： | 1.□國中七年級　2.□國中八年級　3.□國中九年級<br>4.□高中（職）一年級　5.□高中（職）二年級<br>6.□高中（職）三年級 |
| 六、家庭結構： | 1.□與父母同住　2.□單親（父□母□）　3.□其他 |
| 七、與父母的相關資料： | 1.□親生父母健在 2.□父母離婚 3.□其他（如：同居、繼父母……） |
| 八、主要照顧者： | 1.□父母 2.□祖父母　3.□其他 |
| 九、主要照顧者的教養方式： | 1.□開明　2.□專制　3.□放任　4.□＿＿＿＿ |
| 十、我認為家裡的經濟狀況： | 1.□富有　2.□小康　3.□勉強<br>4.□貧乏 |
| 十一、我曾有過性經驗： | 1.□是　2.□否 |
| 十二、我曾性騷擾或猥褻他人： | 1.□是　2.□否 |
| 十三、我曾遭他人性騷擾或猥褻： | 1.□是　2.□否 |
| 十四、我曾性侵害他人： | 1.□是　2.□否 |
| 十五、我曾遭他人性侵害： | 1.□是　2.□否 |
| 十六、我曾性霸凌他人： | 1.□是　2.□否 |
| 十七、我曾遭他人性霸凌： | 1.□是　2.□否 |
| 十八、填答日期：民國＿＿＿年＿＿＿月＿＿＿日 | |

| | 完全不符合 | 20%符合 | 40%符合 | 60%符合 | 80%符合 | 100%符合 | | 完全不符合 | 20%符合 | 40%符合 | 60%符合 | 80%符合 | 100%符合 | | 完全不符合 | 20%符合 | 40%符合 | 60%符合 | 80%符合 | 100%符合 |
|---|---|---|---|---|---|---|---|---|---|---|---|---|---|---|---|---|---|---|---|---|
| 1. | 1 | 2 | 3 | 4 | 5 | 6 | 26. | 1 | 2 | 3 | 4 | 5 | 6 | 51. | 1 | 2 | 3 | 4 | 5 | 6 |
| 2. | 1 | 2 | 3 | 4 | 5 | 6 | 27. | 1 | 2 | 3 | 4 | 5 | 6 | 52. | 1 | 2 | 3 | 4 | 5 | 6 |
| 3. | 1 | 2 | 3 | 4 | 5 | 6 | 28. | 1 | 2 | 3 | 4 | 5 | 6 | 53. | 1 | 2 | 3 | 4 | 5 | 6 |
| 4. | 1 | 2 | 3 | 4 | 5 | 6 | 29. | 1 | 2 | 3 | 4 | 5 | 6 | 54. | 1 | 2 | 3 | 4 | 5 | 6 |
| 5. | 1 | 2 | 3 | 4 | 5 | 6 | 30. | 1 | 2 | 3 | 4 | 5 | 6 | 55. | 1 | 2 | 3 | 4 | 5 | 6 |
| 6. | 1 | 2 | 3 | 4 | 5 | 6 | 31. | 1 | 2 | 3 | 4 | 5 | 6 | 56. | 1 | 2 | 3 | 4 | 5 | 6 |
| 7. | 1 | 2 | 3 | 4 | 5 | 6 | 32. | 1 | 2 | 3 | 4 | 5 | 6 | 57. | 1 | 2 | 3 | 4 | 5 | 6 |
| 8. | 1 | 2 | 3 | 4 | 5 | 6 | 33. | 1 | 2 | 3 | 4 | 5 | 6 | 58. | 1 | 2 | 3 | 4 | 5 | 6 |
| 9. | 1 | 2 | 3 | 4 | 5 | 6 | 34. | 1 | 2 | 3 | 4 | 5 | 6 | 59. | 1 | 2 | 3 | 4 | 5 | 6 |
| 10. | 1 | 2 | 3 | 4 | 5 | 6 | 35. | 1 | 2 | 3 | 4 | 5 | 6 | 60. | 1 | 2 | 3 | 4 | 5 | 6 |
| 11. | 1 | 2 | 3 | 4 | 5 | 6 | 36. | 1 | 2 | 3 | 4 | 5 | 6 | 61. | 1 | 2 | 3 | 4 | 5 | 6 |
| 12. | 1 | 2 | 3 | 4 | 5 | 6 | 37. | 1 | 2 | 3 | 4 | 5 | 6 | 62. | 1 | 2 | 3 | 4 | 5 | 6 |
| 13. | 1 | 2 | 3 | 4 | 5 | 6 | 38. | 1 | 2 | 3 | 4 | 5 | 6 | 63. | 1 | 2 | 3 | 4 | 5 | 6 |
| 14. | 1 | 2 | 3 | 4 | 5 | 6 | 39. | 1 | 2 | 3 | 4 | 5 | 6 | 64. | 1 | 2 | 3 | 4 | 5 | 6 |
| 15. | 1 | 2 | 3 | 4 | 5 | 6 | 40. | 1 | 2 | 3 | 4 | 5 | 6 | 65. | 1 | 2 | 3 | 4 | 5 | 6 |
| 16. | 1 | 2 | 3 | 4 | 5 | 6 | 41. | 1 | 2 | 3 | 4 | 5 | 6 | 66. | 1 | 2 | 3 | 4 | 5 | 6 |
| 17. | 1 | 2 | 3 | 4 | 5 | 6 | 42. | 1 | 2 | 3 | 4 | 5 | 6 | 67. | 1 | 2 | 3 | 4 | 5 | 6 |
| 18. | 1 | 2 | 3 | 4 | 5 | 6 | 43. | 1 | 2 | 3 | 4 | 5 | 6 | 68. | 1 | 2 | 3 | 4 | 5 | 6 |
| 19. | 1 | 2 | 3 | 4 | 5 | 6 | 44. | 1 | 2 | 3 | 4 | 5 | 6 | 69. | 1 | 2 | 3 | 4 | 5 | 6 |
| 20. | 1 | 2 | 3 | 4 | 5 | 6 | 45. | 1 | 2 | 3 | 4 | 5 | 6 | 70. | 1 | 2 | 3 | 4 | 5 | 6 |
| 21. | 1 | 2 | 3 | 4 | 5 | 6 | 46. | 1 | 2 | 3 | 4 | 5 | 6 | 71. | 1 | 2 | 3 | 4 | 5 | 6 |
| 22. | 1 | 2 | 3 | 4 | 5 | 6 | 47. | 1 | 2 | 3 | 4 | 5 | 6 | 72. | 1 | 2 | 3 | 4 | 5 | 6 |
| 23. | 1 | 2 | 3 | 4 | 5 | 6 | 48. | 1 | 2 | 3 | 4 | 5 | 6 | 73. | 1 | 2 | 3 | 4 | 5 | 6 |
| 24. | 1 | 2 | 3 | 4 | 5 | 6 | 49. | 1 | 2 | 3 | 4 | 5 | 6 | 74. | 1 | 2 | 3 | 4 | 5 | 6 |
| 25. | 1 | 2 | 3 | 4 | 5 | 6 | 50. | 1 | 2 | 3 | 4 | 5 | 6 | | | | | | | |

國家圖書館出版品預行編目 (CIP) 資料

柯氏性別關係量表 ( 少年版 ) 之建構與信效度之檢驗
/ 邱惟真著 . -- 一版 . --
　　新北市 : 淡大出版中心 , 2017.02
　　面 ；　公分

　ISBN 978-986-5608-46-0( 平裝 )

　1. 性侵害防制 2. 少年犯罪 3. 評定量表

548.544　　　　　　　　　　　105025411

**叢書編號 PS013**

---

### 柯氏性別關係量表（少年版）之建構與信效度之檢驗

著　　者　邱惟真

---

社　　長　林信成

總 編 輯　吳秋霞

行政編輯　張瑜倫

行銷企劃　陳卉綺

內文排版　張明蕙

封面設計　斐類設計工作室

---

發 行 人　張家宜

出 版 者　淡江大學出版中心

　　　　　地址：25137 新北市淡水區英專路 151 號

　　　　　電話：02-86318661/ 傳真：02-86318660

出版日期　2017 年 2 月 一版一刷

定　　價　380 元

---

總 經 銷　**紅螞蟻圖書有限公司**

展 售 處　淡江大學出版中心

　　　　　地址：新北市 25137 淡水區英專路 151 號海博館 1 樓

　　　　　電話：02-86318661　　傳真：02-86318660

　　　　　**淡江大學—驚聲書城**

　　　　　地址：新北市淡水區英專路 151 號商管大樓 3 樓